JN410200

翠屛潭

취병담

— 龍淵·龍頭巖 古記錄 銘文選

엮음·해설 현행복

각

翠屛潭
엮음/해설 · 현행복
펴낸이 · 박경훈
펴낸곳 · 도서출판 각
초판 인쇄 · 2006년 5월 27일
초판 발행 · 2006년 6월 1일

도서출판 각
주소 · 제주도 제주시 건입동 89번지
전화 · 064-725-4410
팩스 · 064-759-4410
홈페이지 · www.gakbook.com
등록번호 · 제80호
등록일 · 1999년 2월 13일

값 17,000원

ISBN 89-89719-85-2 03900

* 이 책은 제주도 문예진흥기금 · 제주문화사랑 조건기부금을 일부 지원 받아 제작 되었습니다.

목차

【일러두기】

1. 용연의 마애각 기록

(1) 마애각(磨崖刻) 제명(題銘) 중 승경(勝景) 및 목사 배행단 제명(題名)을 사진(필자 촬영), 닥본자료(제주도민속자연사박물관 제공)와 함께 제시함

(2) 마애각 제영(題詠)의 소개는 연대순에 따라 정리하였고, 제영에 쓰인 운율은 「두율분운(杜律分韻)」에 의거 분석하고 이를 원시(原詩)의 하단에 명기함

(3) 마애각 제영은 사진과 탁본자료, 〈원시(原詩)〉와 〈역시(譯詩)〉, 〈어석(語釋)〉과 〈추임새〉를 두어 소개하였으며, 〈추임새〉 부분에 작자의 소개 및 감상, 약간의 보충 설명을 추가함

(4) 마애각 제명(題名) 중 판독이 가능한 이름을 모아, 이를 가나다 순으로 배열 정리함

(5) 제명일람에서는 제명의 한글명을 먼저 밝히고 한자명을 ( )안에 표기하였고, 이름에 이어 신분, 제액(題額) 위치, 병기인(併記人), 방문일자 등을 간략히 소개함

(6) 역대 제주목사로 재임했던 이들의 명단을 별도로 모아 연대순으로 정리하고 이의 사진자료를 함께 제시함

(7) 분류된 제주목사의 경우, 「관풍안(觀風案)」을 참조하여 재임기간과 재임 중 업적을 밝혔으며, 이어서 직함 및 배행, 방문일시, 특기사항 순으로 정리함

- 재임기간 : 왕조, 간지, 서력을 함께 표기함
- 재임 중 업적 : 관리로 재임하는 동안의 업적과 주요 사건 등을 밝힘
- 직함 및 배행 : 제명(題名)에 쓰인 직함을 그대로 소개했고, 이어 배행(陪行)한 사람의 명단을 소개함
- 방문일시 : 제액을 남긴 해의 간지를 재임기간과 비교 서기(西紀)연도를 산출함
- 특기사항 : 주로 제액의 위치를 설명하고 다른 것과 특별한 사항을 밝힘

2. 용연 · 용두암의 문헌기록

(1) 현재 향토사료 등으로 남아있는 문헌을 중심으로 용연과 용두암에 대한 기록 부분을 발췌하여 연대순으로 정리함

(2) 〈원문〉과 〈추임새〉로 대별하여 구성 정리함

- 〈원문〉에서는 사료의 내용 및 이의 기존의 번역을 함께 소개하였으며, '영인본' 의 경우 대개 필자가 번역하여 수록하였고, 원용한 출처를 하단에 부기(附記)함
- 한시 원문에 쓰인 운율을 「두율분운(杜律分韻)」에 의거 모두 분석하고, 이를 원시(原詩)의 하단에 명기함
- 〈추임새〉에서는 저자 및 원전 소개, 감상의 부분을 포함하였으며, 독자의 이해를 돕기 위해 저자 혹은 원전과 관련된 내용을 참고로 첨가하였음

(3) 〈원문〉의 내용이 국한문혼용체의 경우 별도의 〈어석〉부분을 첨가하였고, 한자표기의 경우 한자 자체의 의미를 강조하여 설명해야 할 경우에는 한자를 먼저 밝히고 ( )안에 그 음독을 달았음

(4) 〈원문〉의 한시 등의 경우, 앞에서 이미 소개된 내용이 반복해서 나와 중복될지라도 그 원전의 독자적 편집 방향을 가늠키 위해 그대로 살려 소개함

(5) 〈부록〉으로 원전에 많이 인용된 굴원의 '어부사' 와 소동파의 '적벽부' 를 참고로 소개함

책머리에

'귀명창' 이란 게 있다. 판소리가 행해지는 소리판에서 소리를 잘 하는 이를 명창이라 부르듯이 소리를 제대로 들을 줄 아는 사람을 두고 이르는 말이다. 즉 자신은 소리를 잘 못해도 남이 하는 소리는 기가 막히게 잘 들을 줄 아는, 소위 소리의 전문 감식가인 셈이다. 그래서 소리판에서는 으레 이들 귀명창들의 추임새가 끼어들게 마련이다.

추임새란 본래 판소리의 중요한 구성 요소 중 하나이다. 소리현장에서의 중요한 대목마다 '얼시구', '좋다', '으이' 등의 소리를 연발하며 노래하는 창자(唱者)의 흥을 북돋우기 위해 고수나 청중이 던지는 일종의 조흥구(助興句)인 셈이다. 이것은 결국 소리판의 분위기를 고조시키게 할 뿐만 아니라 즉석 비평의 효과도 낳는다. 물론 여기에서 주요 장단을 이끌며 추임새를 넣는 게 바로 고수의 역할이긴 하지만 정작 중요한 것은 청중들의 추임새이다. 이들 청중 가운데 추임새를 주도하는 게 바로 귀명창이다. 어쩌면 소리를 내는 창자가 미처 깨닫지 못한 세세한 부분까지도 이들은 여지없이 포착하여 소리의 호오(好惡)를 감별해내곤 한다. 예컨대 귀명창에 의해 "저 친구 소리는 좋은데, 소리에 그늘이 없어!" 하고 평가받는 날이면 아무리 훌륭한 소리꾼이라 할지라도 그날로 끝장이 난다. 결국 소리만 잘 낸다고 모두 명창이 아니듯이, 귀명창 역시 소리만 많이 들었다고 해서 다 그렇게 일컫는 것은 아닐 터이다. 이는 곧 현장에서의 집중적인 관찰력과 더불어 부단한 독자적인 연구

가 병행되어야 함이 선행요건임을 의미한다.

필자가 용연의 옛 기록들에 관심을 두게 된 것은 용연선상음악회를 시작하면서부터였다. 노래하기 위해 배를 타고 용연계곡을 둘러보던 중 이곳 암벽에 남아있는 여러 마애명(磨崖銘)들을 보면서 언젠가 기회가 닿으면 이것들을 체계적으로 정리해 소개하리라 마음먹었다.

1999년 5월(음력 4월 보름), 용연에서 처음으로 선상음악회가 열린 이후 2년 뒤인 3회 때부터는 이 행사가 '용연야범(龍淵夜泛)재현축제'로 확대되어 열리게 되었다. 선상음악회와 더불어 한시백일장, 시조경창대회, 전통활쏘기대회 등의 행사가 함께 열리면서 행사의 규모도 이전보다 확대되었다. 그래서 요청되는 것은 이 타이틀에 걸맞는 행사 추진의 기획으로서, 용연의 옛 문화를 재현해낼 만한 충분한 요건과 배경이 사전에 마련되어야 함은 당연한 귀결이다. 곧 '용연(龍淵)'이란 장소가 어떤 곳이며, 이곳을 찾았던 옛 사람들의 기록에는 어떤 내용들이 남아있는지 이에 대한 고증자료와 더불어 연구할 필요가 있다는 생각이 들었다.

이 책에 대한 구상은 본래 그러한 취지에서 처음 출발하였다.

우선 용연계곡에 남겨진 마애명(磨崖銘)들을 조사했다. 한두기 뱃사공(•1차조사 ; 진경국, •2차~5차조사 ; 고영배, •6, 7차조사 ; 강원희)의 도움을 받아 낚배를 빌려 타고서 계곡 양안을 휘저으며 그곳의 암벽에 남아있는 마애각의 글자들을

한 자 한 자 옮겨 적고, 또한 카메라에 담는 일을 모두 일곱 차례나 시도했다. 그래서 현재 이곳에 남아있는 마애명의 기록이 제영(題詠) 4점, 87인의 제명(題名)이 있음을 확인했고, 아울러 취병담(翠屛潭), 선유담(仙遊潭) 등의 풍광제명도 함께 정리했다. 특히 이 가운데 김영수(金永綬) 목사가 남긴 총 100자로 이뤄진 오언장율(五言長律)의 제영을 읽어내는 게 제일 힘들었다. 바다로 이어진 용연에는 소금기로 덧칠한 듯 석화(石花) 현상이 이곳 암벽에 생겨나면서 글자의 자획이 선명치 않을 뿐만 아니라 서체 또한 초서체로 되어있어 그것을 올곧게 읽어내기란 여간 힘든 작업이 아니었다. 심지어 도저히 풀리지 않는 제영의 글자가 꿈 속에서라도 나타나기를 기대할 양으로 작업하던 원고를 베갯머리에 놓아 베고 잔 적도 있었다. 그래서 생각해보는 것은 "마애명(磨崖銘)은, 그 글의 내용은 차치하고서라도 그 자획을 정확히 읽어내는 일 자체가 바로 예술이다."라는 사실이다.

용연과 관련된 문헌기록의 내용들을 모으다보니 여기에는 용두암과 연관되어 서술된 기록들이 많았다. 그래서 이 책의 부제를 「용연(龍淵) · 용두암(龍頭巖) 고기록(古記錄) 명문선(銘文選)」이라 붙이게 되었다.

요컨대 과거 이 땅의 선현들이 용연과 용두암을 거처가면서 그 소감의 일단을 피력한 기록들을 찾아나서는 일은 바로 그들이 남긴 그림자[影]와 메아리[響]를 추적해보는 일과 다름없다. 결국 그러한 옛 기록들 중 한시(漢詩)의 부분은 마치 소리판에서 소리꾼이 내는 '소리'요, 다른 해설류의 기록들은 '아

니리’로 필자에게는 다가왔다. 그래서 그것의 감상격인 소감을 ‘추임새’라고 붙여보았다. 이른바 제주 향토문화의 한 고찰에 귀명창 역을 필자가 자임(自任)하고 나서게 된 셈이다.

“궁하고 막히면 자신을 착하고 바르게 간식하고, 트이고 날하면 온 천하 만민을 착하고 바르게 해준다.[窮則獨善其身, 達則兼善天下]”라는 『맹자(孟子)』의 한 구절을, 평소 필자는 좌우명처럼 여기고 이의 실천을 위해 노력해왔다. 그러면서 틈틈이 음악과 관련된 고문(古文)과 한시(漢詩) 읽기 등을 즐겨 좋아했다. 그러던 중 우연히 ‘공자(孔子)와 노(魯)나라 임금 애공(哀公)이 나눈 대화의 기록’을 보고 매우 인상적으로 느꼈던 적이 있다.

노(魯) 애공(哀公)이 공자(孔子)에게 물어 말하기를 “악정인 기가 다리가 하나라던데, 정말입니까? [樂正夔一足信乎]”라고 묻자, 이에 공자는 이렇게 대답했다. “옛날에 순(舜)임금이 음악을 천하에 전파하여 사람들을 교화시키고자 하였습니다. 그래서 중려(重黎)라는 대신에게 인재를 천거하기를 명하자, 민간 가운데서 기(夔)를 천거하여 임금을 뵙게 하니 순임금이 그를 악관(樂官)들의 우두머리인 악정(樂正)으로 삼았습니다. 이에 기는 육률(六律)을 바로잡고, 오성(五聲)을 조화롭게 만듦으로써 팔방의 바람[八風]과 서로 통하게 하였더니 천하 사람들이 모두 순종하고 다스려지게 되었습니다. 중려가 다시 기와 같은 인재를 더 구하고자 하였더니, 순임

금이 말하기를 '무릇 음악이라는 것은 천지의 핵심이 되는 기운이요, 얻는 것과 잃는 것의 마디가 되는 부분이므로 오직 성인(聖人)만이 능히 이를 조화시킬 수 있다. 조화는 음악의 근본이다. 기(夔)는 능히 이를 조화시킴으로써 천하를 평정하였다. 기(夔)와 같은 사람은 하나로서 족하다.' 라고 하였습니다. 그러므로 '기 하나로 족하다' 라고 말하는 것은 '다리가 하나다' 라는 뜻이 아닙니다.[夔一足非一足也]" 라고 하였다.

— 『여씨춘추(呂氏春秋)』 '찰전편(察傳篇)'

필자가 이 책을 엮으면서 아무리 '귀명창' 역을 자임하고 나섰다 하더라도, 앞의 사례에서처럼 '기(夔) 한 사람이면 족하다' 라고 해야 할 부분에 '기(夔)는 다리가 하나다' 라고 하듯, 전혀 엉뚱한 의미로 잘못 해석한 부분이 있을 것이라는 일말의 두려움도 없지 않다. 이의 잘못 되고 모자란 부분은 후일에 바로 잡을 것을 약속드리며 강호 제현의 많은 이해와 질정(叱正)을 바란다.

끝으로 이 책이 엮어져 나오기까지는 제주 향토사 관련 사료의 역해 편찬 사업을 꾸준히 펼쳐온 제주문화원의 도움을 많이 받은 셈이 되었다. 평소 이 일을 주관 추진해 온 양중해(梁重海), 홍순만(洪淳晩) 두 분 원장님과 또 번역작업으로 함께 애쓴 김익수(金益洙) 선생님께 정중한 감사의 말씀을 드린다. 그리고 용연의 문헌기록 중 민간설화부분의 ㄱ시락당 관련고사와 큰 내에 얽힌

속담 등을 상세히 소개해준 제주민속박물관의 진성기(秦聖麒) 관장님, 용연의 마애각 탁본자료를 흔쾌히 제공한 제주도민속자연사박물관 관계당국에도 감사드린다. 아울러 용연선상음악회가 처음 열리면서부터 출연하여 무대를 빛내준 팽재유(彭宰有), 이생강(李生剛) 선생님을 비롯한 많은 예술인들, 그리고 이동호(李東鎬) 선생님이 이끄는 제주시립예술단 여러분에게도 고마움을 표한다. 특별히, 평소 필자의 예술활동에 공감하여 적극적인 관심과 격려로 성원을 보내준 중앙병원의 김덕용(金悳龍) 이사장님께도 이 면을 빌어 고마운 말씀을 전하고자 한다. 이번에도 도서출판 '각'(대표 박경훈)의 신세를 지게 되었는데, 언제나 제주를 사랑하는 마음으로 출판계를 선도하고 있다는 느낌이 들어 이에 경의를 표한다.

2006년 3월,

봄이 오는 길목, 이호동에서

엮은이 현행복

▲ 17C의 용연 뱃놀이

＊ 이익태(李益泰)의 『탐라십경도(耽羅十景圖)』 중 '취병담(翠屏潭)'

▲ **18C의 용연 뱃놀이** * 이형상(李衡祥)의 『탐라순력도(耽羅巡歷圖)』 중 '병담범주(屛潭泛舟)'

▲ 20C의 용연 뱃놀이(연대 미상, 일제강점기로 추정) ＊ 제주시편, 『사진으로 엮는 20세기 제주시』, 89쪽에서 인용

▲ 21C의 용연 뱃놀이 – 용연 선상음악회(2005. 8. 27.)　* 테왁 장단으로 제주민요 '이어도사나'를 노래하는 필자

제1편 용연의 마애각 기록

龍淵 磨崖刻

제1부 승경(勝景) 및 목사 배행단(陪行團) 제명(題名)

제2부 제영편(題詠篇)

제3부 제명편(題名篇)

※ 기타 인사의 제명

제1부

승경 및 목사 배행단 제명
勝景 陪行團 題名

1. 승경(勝景) 제명(題名)
2. 목사 배행단 제명

翠屛潭

1. 승경(勝景) 제명(題名)

(1) 취병담(翠屛潭)

가. 행서대자(行書大字) '취병담(翠屛潭)'

'비췻빛 병풍의 암벽으로 둘러싸인 연못' 이란 뜻을 지닌 '취병담(翠屛潭)' 은 용연의 고명(古名)이다. 동안(東岸) 암벽 상단에 행서체(行書體)로 된 '취병담(翠屛潭)' 3자의 제액이 있다. 제액년도와 이름이 없어 누가 언제 이 서품을 남겼는지는 상세히 알 수 없다.

한편 임제(林悌)의 『남명소승(南溟小乘)』에는 '취병담(翠屛潭)' 이란 제하의 그의 오언율시(五言律詩)가 있다. 이 시의 제목 '취병담' 에 각주를 달아 설명하길 "바위에 세 글자만 남아있고, 용은 천년 동안 잠겨있다.[岩留三字 龍臥千秋]" 라 했다. 이로 미루어 짐작해보면 임제가 당시 제주에 와서 용연을 찾았을 때(선조 11년, 戊寅, 1578년)에도 이미 '翠屛潭(취병담)' 이란 세 글자가 바위에 새겨져 있었던 셈이다. 결국 용연을 취병담이라 칭하기 시작한 것은, 16세기 훨씬 이전으로 거슬러 올라갈 수 있다. 용연을 소재로 한 한시의 작품으로도 현재까지는 임제(林悌)의 것이 가장 오래된 것이다. 결국 용연에 남아있는 '취병담(翠屛潭)' 이란 제명은 현재 제주의 마애명 중 가장 오래된 기록으로 추정할 수 있다.

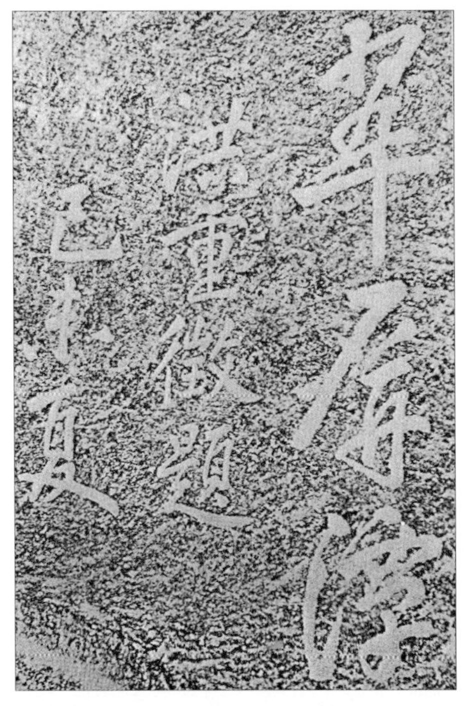

나. 초서대자(草書大字) '취병담(翠屛潭)'

한편 용연에는 '취병담(翠屛潭)' 이란 제명이 또 하나 있다. 이것은 홍중징(洪重徵) 목사(영조 14년, 戊午, 1738 제주목사 부임)가 남긴 친필 서체로서 초서체이다. 아마도 '취병담' 이란 표현이 너무 맘에 들어 기존 행서체의 제액과는 다른 초서체로 마애각 제명을 남기고자 했던 심사가 반영된 결과로 보인다.

용연에 마애명을 남긴 역대 제주목사 중 홍중징은 이괴(李襘, 1658), 이익한(李翊漢, 1663), 원상(元相, 1680) 등에 이어 네 번째에 해당한다. 제명 하단의 '기미년 여름에 홍중징이 쓰다[己未 夏 洪重徵 題]' 라는 기록으로 미루어 보면, 이 제액은 그가 이임하는 해인 영조 15년(己未, 1739년) 여름에 행해졌음을 알 수 있다. 한편 방선문(訪仙門)에도 그가 남긴 '登瀛丘(등영구)' 3자와 '石竇呀然處(석두하연처)' 로 시작하는 오언절구(五言絶句)가 있다. 그곳에는 '기미년 초여름에 홍중징이 쓰다[洪重徵題 己未首夏]' 라고 되어 있다. 이런 내용을 참고해 볼 때, 홍 목사는 이임하는 해인 초여름에 방선문을 찾아 먼저 마애각 기록을 남겼고, 이어서 용연 암벽에도 그의 친필로 '취병담' 이란 제명을 남긴 것으로 이해된다.

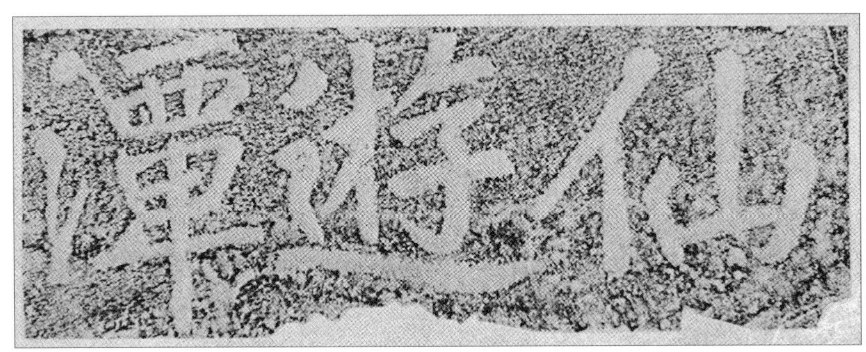
仙遊潭

(2) 선유담(仙遊潭)

'신선이 노니는 못' 이라는 의미의 '선유담(仙遊潭)' 은 용연의 또 다른 별칭이다. 용연 서안(西岸) 암벽, 이괴(李襘) 목사 일행의 제명 상단에 남아있는 '선유담' 3자의 제명에서 이런 사실이 확인된다. 이 제명이 언제 누구에 의해 명명(命名)되었는지는 확실히 알 수 없다. 제주관련 향토사 문헌기록에도 '선유담' 의 기록은 보이지 않는다. 다만 추측컨대 이괴 목사가 제명을 남긴 해인 효종 9년(戊戌, 1658년) 경이거나 혹은 그 이전에 이미 새겨놓았다고 볼 수 있다.

한 가지 흥미로운 점은 '선유담(仙遊潭)' 이란 마애각 제명을 통해서 그 배경으로 '신선사상(神仙思想)' 이 위치하고 있음을 유추해볼 수 있다는 사실이다. 이는 이곳의 다른 제명 '박석홍선사록(珀石泓仙査錄)' 과 아울러 방선문(訪仙門), 환선대(喚仙臺), 우선대(遇仙臺) 등의 명칭에서도 공통적으로 나타나는 현상이라 할 것이다.

2. 목사 배행단 제명

(1) **박석홍선사록(珀石泓仙査錄)** - 이익한(李翊漢) 목사

이익한(李翊漢) 목사와 그의 막료 일행들이 용연을 찾아와서 자신들의 이름을 새겨놓으며 제명 맨 앞에 타이틀로 붙여놓은 제목이 이것이다.

'박석홍(珀石泓)' 이란 '호박(琥珀 ; 보석, 장신구 등에 쓰이는 투명한 광물질)과 같은 돌이 있어 움푹 패어 물이 고인 곳' 을 의미한다. 결국 박석홍(珀石泓)은 취병담(翠屛潭), 선유담(仙遊潭)에 이어 새롭게 붙여진 용연의 별칭인 셈이다. 여기에다 '선사록(仙査錄 ; 신선을 찾았던 기록)' 을 덧붙여 제명의 멋을 부려본 것으로 보인다.

인간 세상에 유배되어 내려온 시선(詩仙)이란 의미로 적선(謫仙)이란 별칭이 붙기도 했던 중국 당나라 때 시인 이태백(李太白)은 채석강(彩石江)에서 술에 취한 채 달을 붙잡으려다 그 강물에 빠져죽었다는 전설이 전해지고 있다. 송대(宋代)의 소동파(蘇東坡)는 7월 기망(旣望 : 16일)에 적벽강(赤壁江)에서 배를 타고 놀며 유명한 적벽부(赤壁賦)를 남겼다. 이익한 목사 일행이 남긴 '박석홍선사록' 도 이태백이나 소동파와 같이 자연 속에서 신선을 찾아 노니는 정경을 제명의 형태로 그 기록을 남겼다 할 것이다.

또 한 가지 흥미로운 점은 용연의 동안(東岸) 암벽에 남아있는 제명의 부기형태가 세로로 읽게 된 형태임에도 불구하고 물의 흐름의 방향을 따라 좌에서 우로 진행되고 있다는 점이다. 즉 맨 좌측에 목사의 제명이 있고, 우측으로 배행자(陪行者)들의 명단이 게시되고 있는 점이 바로 그렇다.

참고로 이익한(李翊漢) 목사는 역대 제주목사로 재임한 인물 중 동명이인(同名異人)이 있는 특이한 경우이다. 즉 현종 3년(1662) 8월에 부임했다가 이듬해 3월에 이임한 이익한(李翊漢) 목사가 있고, 다른 한 사람은 숙종 37년(1711) 5월에 부임했다가 2년 뒤인 숙종 39년(1713) 7월에 이임한 이익한(李翊漢) 목사의 경우가 그렇다. 부임한 연대의 차가 거의 50년이나 되는 것으로 보아 분명 동일한 인물이 아님을 알 수 있다. 이곳에 마애각 제명을 남긴 이는 바로 앞서 부임한 이익한 목사이다.

(2) **동유록(同遊錄)** — 원상(元相) 목사

예로부터 자연을 찾아가 함께 즐기는 풍취 있는 고상한 놀이를 보통 '청유(淸遊)' 라 했다. 그리고 뜻이 맞는 사람들이 함께 논다는 의미로 '동유(同遊)' 란 표현도 종종 쓰이곤 했다.

원상(元相) 목사 일행들이 용연을 찾아 즐기다 간 기록을 '동유록(同遊錄)' 이라 표현한 것도 그와 같은 취지에서 붙인 이름이라 생각된다.

한편 마애각 제명으로 '동유(同遊)' 를 쓴 예는 방선문에서도 찾아볼 수 있는데, 친목단체의 성격이 짙은 한 회원단체의 제명의 앞에 붙어있다.

(3) 거객지석(居客之石) – 이괴(李禬) 목사

'길손이 머무는 돌에 찾아옴(來至居客之石)' 이란 표현은 이괴(李禬) 목사 일행들이 제명 끝 부분에 남긴 말이다. 용연의 한 너럭바위를 두고 이렇게 표현한 것으로 보인다. 구체적으로 이곳이 어디인지는 확실치 않다. 다만 이런 표현으로 미루어 이곳 용연에서의 놀이가 바위 위에 앉아 주연을 베풀기도 하고, 배를 띄워 선상에서 놀았던 것임을 짐작할 수 있다.

제2부

제영편 題詠篇

1. 한창유(韓昌裕)의 칠언절구(七言絶句)
2. 임관주(任觀周)의 오언절구(五言絶句)
3. 김영수(金永綏)의 오언장율(五言長律)
4. 윤진오(尹進五)의 오언절구(五言絶句)

한창유(韓昌裕)의 칠언절구(七言絶句)

海以兼山隱一潭
石門相拱翠屛深
題名欽借洪產手
白鹿霞傈遠遠尋

*韻字 : 七律「侵」韻 — 深、尋

玉溪 韓昌裕

바다이며 산인 곳에 숨겨진 연못 하나,
돌문 서로 맞대어서 취병담 못은 깊네.
제명은, 공경해 빌려 씀이 홍 목사가 남긴 손길이라,
백록담의 옅은 노을조차 멀리 멀리서 찾아드네.

옥계 한창유

【어석語釋】

* 海以兼山(해이겸산) : 바다이면서 산을 겸한 곳
  ▶ 탐라의 형세를 두고 『표해록(漂海綠)』으로도 유명한 최부(崔溥)의 시에는 '대해(大海) 중에 탄환 같은 작은 섬[一點彈丸]' 이란 표현도 있다. 곧 제주는 섬이면서 한라산 그 자체이기도 함을 의미한다. 여기에서는 용연의 위치가 언덕배기에 바다를 끼고 있다는 점을 염두에 두어 표현한 것으로 보인다.
* 隱一潭(은일담) : 숨겨진 하나의 연못
* 石門(석문) : 돌로 된 문, 여기서는 석벽(石壁)의 다른 표현임
* 相拱(상공) : 서로 껴안음, 혹은 쌍을 이뤄 서로 마주함
* 翠屏(취병) : 비췻빛 병풍, 곧 취병담(翠屏潭)
* 深(심) : 못이 깊음
  ▶ 이 시 2행의 深(심)과 4행의 尋(심)이 압운으로 사용되었다.
* 題名(제명) : 명승지에 자기의 이름을 기록함
* 欽借(흠차) : 공경해 빌림, 흠모하여 빌려씀
  ▶ 이 부분을 '욕차(欲借)' 로 읽어 풀이하는 경우도 있다.
* 洪産手(홍산수) : '홍(洪)' 이 남긴 손길, 즉 홍(洪) 목사가 손수 남겨놓은 글씨, 혹은 '홍(洪)이 남긴 수법'
  ▶ 여기에서 '산(産)' 으로 읽은 글자가 마애각의 제명에는 분명치가 않다. 흡사 '戶(혹은 尸)+生' 의 형태로 남아있는데, 이런 글자는 자전(字典)에 실려 있지 않다. 짐작컨대 본래 '産' 이라고 쓴 글자인데 이를 돌에다 새기는 과정에서 조각공(彫刻工)의 실수로 그렇게 잘못 새겨놓은 형태일 것이라고 추정해본다.
  ▶ 이 시 3행의 '題名欽借洪産手(제명흠차홍산수)' 는 두 가지 해석이 가능하다. 첫째는 '제명을 공경해 빌려 씀은 홍(洪)이 남긴 수법인데' 라고 함이요, 둘째는 '제명은, 공경해 빌려 씀이 홍(洪)이 남긴 손길이라' 라 함이 바로 그것이다. 한편 그기 남긴 미애각 제영의 서체기 방선문과 용언에서 제각기 서로 다르게 나타남을 확인할 수 있기에, 결국 여기에서는 후자를 택했다.
* 白鹿(백록) : 흰 사슴, 곧 백록담
  ▶ 이 시에서 '취병(翠屏)' 은 '취병담(翠屏潭)' 을, '백록(白鹿)' 은 '백록담(白鹿潭)' 을 각기 지칭한 것으로 볼 수 있다.
* 霞傈(하표) : 옅은 노을, 여기서 '傈(표)' 는 본래 진중하지 않다는 뜻임
* 尋(심) : 찾다, 혹은 찾아오다
* 玉溪(옥계) : 옥같이 맑은 물이 흐르는 골짜기의 시내, 여기서는 작자 한창유(韓昌裕)의 호

【추임새】

용연의 마애각(磨崖刻) 중에 '취병담(翠屛潭)' 이란 제명(題名)이 두 가지 형태로 남아 있다. 하나는 행서체(行書體)의 제명이요, 다른 하나는 초서체(草書體)로 된 것이다. 이 중에 초서체로 된 제명은 홍중징(洪重徵) 목사가 직접 쓴 것인데, 본래 행서체로 된 제명이 용연에 있는 것을 보고 그 뜻에 공명(共鳴)하여, 홍 목사가 다시 서체를 달리하여 남겨놓은 것이다. 결국 이는 제명을 빌려다 쓴 셈이 되는 것이다. 한편 작자도 시어로 2행에서 '취병담' 을 언급하고 있다.

한편 제영(題詠)에 씌어진 글씨가 작자 자신이 직접 쓴 게 아니고, 이를 홍중징(洪重徵) 목사의 필체로 대신하여 빌려 씀을 시어의 내용에 포함시켜 은근히 강조한 것이라는 해석도 가능하다. 결국 시는 한창유가 지었지만 글씨는 홍중징 목사가 써주었다는 결론이다. 이 시의 3행에서 '題名欽借洪産手(제명흠차홍산수)' 라는 표현은 바로 이런 자신의 심회를 솔직히 담아 표현한 것으로 볼 수 있다. 그래서 '백록담의 옅은 노을조차도 멀리멀리서 찾아 온다' 고 함은 글씨를 대신 써 준 홍 목사의 이런 처사에 은근히 감사하는 마음을 담아 표현하고 있음을 간접적으로 시사한다.

한편 방선문에 남겨진 제영 중 작자 한창유(韓昌裕)의 '入洞山如揖(입동산여읍)' 으로 시작되는 오언절구(五言絶句)가 있는데, 그 제영의 서체와 용연의 칠언절구(七言絶句)를 비교해보면 한눈에 분명 다름을 확인할 수가 있다. 용연의 제영에 쓰인 서체가 훨씬 안정되고 더 세련되어 보인다. 그래서 생각해보는 것은 방선문의 서체가 작자 본인의 친필이라면 용연의 그것은 대필(代筆)일 가능성이 있다는 추정이다.

압운으로는 2행의 深(심)과 4행의 尋(심)이 쓰였는데, 이것은 용연의 또 다른 제영인 임관주(任觀周) 시의 압운 潯(심), 尋(심)과도 통한다.

결국 이 시는 전반부가 취병담의 형세와 자연 풍광을 노래했다면, 후반부에서는 이미 씌어진 '취병담' 이란 제명을 시어로 차용하게 된 심사를, 혹은 제명을 함에 있어 홍중징 목사의 필체를 빌려서 씀을 은근히 강조하면서 멋진 시를 남겨보고자 하는 자신의 솔직한 의도가 담겨있다 할 것이다

작가 한창유(韓昌裕 ; 생몰년 미상)는 자신의 아호를 옥계(玉溪)로 쓰고 있음만이 확실한데, 그 밖의 인적사항은 자세히 알려진 게 없다. 제주관리들의 재임기록을 담은 「관풍안(觀風案)」에도 그의 이름이 실려있지 않다.

추측컨대 시어의 내용에 홍 목사를 언급한 점과 방선문 제영에 '옥계 소요생(玉溪 逍遙生)이란 아호를 달고 있는 점으로 미루어 보아 그는 18세기 중반에 제주를 찾았던 문사(文士) 중 한 사람으로서 노장(老莊)사상이나 혹은 신선사상의 영향을 받았을 법하다.

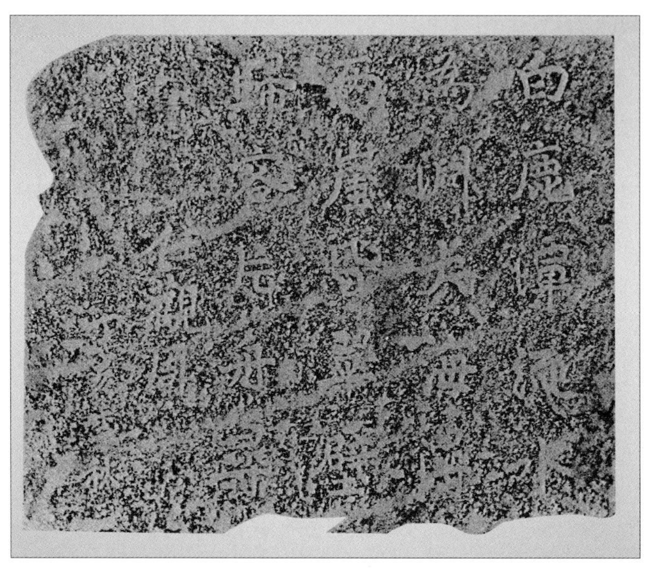

白鹿潭流水
爲淵大海潯
兩崖皆翠壁
歸客片舟尋
任觀周

임관주(任觀周)의 오언절구(五言絶句)

白鹿潭流水
爲淵大海濤
兩崖皆翠壁
歸客片舟尋

* 韻字：五律「侵」韻 — 濤、尋

任觀周
丁亥季秋

백록담에서 흘러내린 물,
못을 이뤄 큰 바다 앞 물가라네.
양쪽 벼랑 모두 비췻빛 절벽,
돌아갈 나그네 조각배 찾아보네.

임관주

정해년 늦가을

【어석語釋】

* 白鹿潭(백록담) : 한라산 정상의 분화구 연못
* 流水(유수) : 흐르는 물, 혹은 흘러내린 물
* 爲淵(위연) : 못이 됨, 혹은 못을 이룸

▶ 이 시의 1 · 2행을 연결하면 하나의 문장이 된다. 즉 "백록담에서 흘러내린 물이 못을 이룬다.(白鹿潭流水爲淵)" 가 그것으로 '한내[大川, 漢川]' 의 지형적 특성을 잘 설명해 준다. 이는 곧 한내가 한라산 정상인 백록담에서 발원하여 용연을 거쳐 바다로 이어짐을 뜻한다.
한편 이형상 목사의 『탐라순력도(耽羅巡歷圖)』 중 '병담범주(屛潭泛舟)' 편의 그림에서도 백록담에서 발원하여 용연으로 이어지는 한내의 흐름이 상징적으로 그려져 있다.

* 大海(대해) : 큰 바다, 혹은 넓은 바다
* 潯(심) : 물가

▶ 이 시 2행의 潯(심)과 4행의 尋(심)이 압운으로 사용되었다.

* 兩崖(양애) : 양쪽 벼랑
* 翠壁(취벽) : 푸른 절벽, 푸른 이끼와 깊은 못의 물빛이 반사되어 생긴 비췻빛 절벽
* 歸客(귀객) : 돌아갈 나그네, 여기서는 유배가 풀려 돌아갈 작자 자신을 일컬음
* 片舟(편주) : 조각배, 이를 扁舟(편주)로도 표기함

▶ 一葉片舟(일엽편주) : 하나의 조그마한 조각배

* 尋(심) : 찾음
* 丁亥(정해) : 작자가 제주로 유배 왔다가 풀린 해인 영조 43년(1767)임

【추임새】

용연이 위치한 한내[大川, 漢川]의 지형적 특징을 간략히 잘 소개하고 있다. 제주의 수많은 하천 중에 백록담에서 발원하여 바다로 이어지는 예는 그리 많지 않다. 결국 한내는 말 그대로 큰 내인 셈이다. 내가 크면 더불어 하류로 올수록 골도 깊어진다. 한내로 이어진 방선문계곡은 한라산 화유(花遊)의 장소인 영구춘화(瀛邱春花)로, 용연계곡은 용연야범(龍淵夜泛)의 정취로도 유명하다.
이 시의 앞 3행을 작자는 용연의 자연적 풍광으로 채우다가 마지막 4행에 와서야 적객(謫客)의 신분인 작자의 심사를 담아 표현하고 있다. 압운자로 2행의 潯(심)과 4행의 尋(심)이 쓰이고 있는데, 이는 한창유의 칠언절구 중에 쓰인 운자 '심(深, 尋)'에서 차운한 것으로 보인다.

조선조 영·정조 때의 문신인 정언 임관주(任觀周, 1732~?)는 영조 43년(1767) 6월에 시정(時政)과 언로(言路)를 바로 하는 일에 대해 임금께 상소를 올렸다가 그게 화근이 되어 곧바로 제주 대정현으로 유배되었다. 상소한 내용은 『조선왕조실록』에 생생하게 기록으로 남아 전해지고 있다. 여기에 제주와 관련된 부분도 있기에 일부의 내용을 인용해본다.

> "언로(言路)는 국가에 있어서 사람에게 이목(耳目)이 있는 것과 같습니다. 진실로 귀가 듣는 구실을 하지 못하고, 눈이 보는 구실을 하지 못한다면 사람이 될 수 있겠습니까? 아! 임금의 뜻이 일단 어느 한쪽으로 기울어질 경우 마치 바람 앞의 풀처럼 일제히 휩쓸릴 것이니, 우뚝하게 송백(松柏)처럼 자립할 자가 몇 사람이나 되겠습니까? 상을 주면서 말하게 하더라도 회피할 것인데, 더구나 그렇지 않은 자야 말할 것이 있겠습니까? …… (중략)
> 이명운(李明運)은 제주목사로 있을 때에 오로지 수탈만 일삼고 단지 윗사람만 잘 섬기려고 애쓰면서 7천 명의 굶주린 백성들이 죽어가는 것을 서서 보고만 있었습니다. 만약 나라에 기강이 있다면 마땅히 팽아(烹阿)의 법을 시행해야 할 것입니다. 그런데 전형의 관원이 어찌 감히 그를 총관(摠管)의 의망에다 넣을 수 있단 말입니까? 신은 이명운을 영원히 금고(禁錮) 시키고 그 전형의 관원에게 빨리 파직의 법을 시행해야 한다고 여깁니다.
> …… (중략)
> 경전(經典)에 '3년 먹을 저축이 없으면 그 나라는 나라가 아니다.'라고 했습니다. 그런데 지금 서울과 지방의 저축이 모두 바닥이 나서 한 해의 수용도 부족할까 근심스러운 지경이니, 나라의 사정이 정말 슬프고 한탄스럽습니다. 신이 바라건대 막대한 비용이 드는 일들은 모두 줄이도록 하소서."
>
> — 『조선왕조실록(朝鮮王朝實錄)』 영조 43년(1767) 6월 9일(신축)

그 해 9월 작자는, '그에게는 칠순 된 늙은 아비가 있다.'는 대신들의 의견에 정리상 유배에서 방면되었다. 이 때 그는 곧바로 제주를 떠나지 않고 한라산을 비롯한 제주의 명승지를 두루 찾아본 것으로 짐작된다. 왜냐하면 그가 남긴 마애명이 이곳 용연 말고도, 적소였던 창천의 창고천과 산방산, 천제연폭포, 한라산 정상 등 무려 다섯 군데에 각각 남아있기 때문이다. 결국 그는 제주도 마애명의 기록 중, 여러 곳에 가장 많은 제영을 남긴 인물이 되는 셈이다.
참고로 작자인 임관주가 제주에서 유배생활을 할 당시의 제주목사는 남익상(南益祥)인데, 그의 제명(이름 3자)도 용연에 홀로 남아있다.

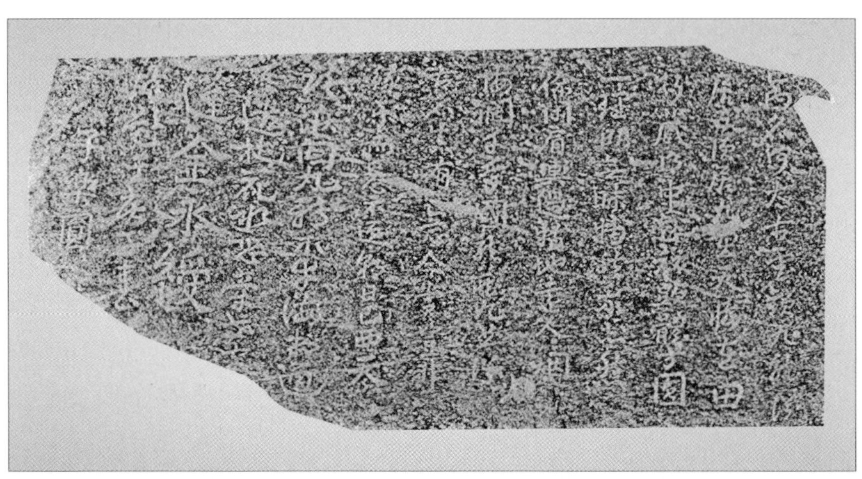

김영수(金永綬)의 오언장율(五言長律)

高名何太古　雲鎖九龍淵
居五須居九　在天怯在田
行藏得中惑　標顯體方圓
一理明無味　物弦象亦然
＊韻字：五律「先」韻 — 淵、田、圓、然

偸閑肩與過　特地遠人烟
海闊手掌國　龍藏九曲淵
古名眞有意　今賞豈非緣
樂而思不返　朝日已西天
＊韻字：五律「先」韻 — 烟、淵、緣、天

龍湫回九轉　不幸海相通
焉遺桃花水　悲牽世前蓬
＊韻字：五律「東」韻 — 通、蓬

金永綬
醉題于庚子春
子　樂圓

명성의 높음이 어찌해 태곳적부터인가,
구름이 구룡(九龍)의 못을 감싸두어 그럴 테지.
다섯인가 했더니 모름지기 아홉 용이나 살고,
하늘에만 있으려니 했는데 놀랍게 밭에도 있네.
행적이 감춰져 있어 꼭 미혹에 싸이게 하지만,
제 모습 드러내면 몸체가 모나면서 둥글어.
한 가지 이치로 보아 명석하고 어리석지 않음은,
물체의 휘어진 모습, 그 형상만 봐도 또한 그렇다네.

바쁜 중에 틈을 내어 가마타고 지나노라니,
특별히 인가(人家)의 모습은 더더욱 아득해.
바다는 광활해 마치 손바닥 위의 나라요,
용이 잠겨있어 아홉 굽이의 못 이뤘네.
옛 명성은 참으로 다 뜻이 있을진대,
오늘 와 감상해도 어찌 그 사연 다르리오.
다만 즐거우면 생각은 돌이키기 어려운 법,
아침 해 어느새 서쪽하늘로 기울었네.

용추(龍湫)의 물 소용돌이치며 굽이굽이 도는데,
애석하게도 그곳은 바다와 맞닿아 있네.
어찌하여 이 봄날 복사꽃물 남아 흐르던고,
슬픔을 거두어 세상을 무릉도원으로 이끌려 함일세.

김영수, 경자년 봄에 취흥에 겨워 짓다.
아들 낙원

【어석語釋】 * 高名(고명) : 이름이 높이 남, 혹은 명성이 높음
▶ 13행의 古名(고명)과 운율이 서로 통함
* 何(하) : 어찌
▶ 의문사인 '어찌'의 한자어 표기로, 이 시에서는 何(하), 豈(기), 焉(언) 등으로 다양하게 쓰이고 있다.
* 太古(태고) : 아주 오랜 옛날, 태곳적
* 鎖(쇄) : 봉하다, 잠그다
▶ 封鎖(봉쇄) : 굳게 잠가서 드나들지 못하게 하다.
* 九龍淵(구룡연) : 구룡의 못
▶ '구룡연(九龍淵)'이란 고유한 이름이 금강산, 압록강 등에도 실재한다. 이는 12행의 '九曲淵(구곡연)'과 대비가 된다.
* 須(수) : 모름지기
* 怯(겁) : 겁내다, 무서워하다
* 行藏(행장) : 행적(行蹟)이 감춰지다
* 得中(득중) : 꼭 알맞음, 과불급(過不及)이 없음
* 惑(혹) : 미혹
▶ 惑世誣民(혹세무민) : 세상 사람을 미혹(迷惑)하게 하여 속임
* 標顯(표현) : 나타내어 보임, 또는 나타나 보임
* 體(체) : 모습, 모양
* 方圓(방원) : 모진 것과 둥근 것, 방형(方形)과 원형(圓形)
▶ 方圓可施(방원가시) : 무슨 일을 하여도 잘함을 이름
* 一理(일리) : 하나의 이유, 그런대로 합당하다고 할 만한 이치
* 明(명) : 밝음, 명석함
* 無昧(무매) : 애매하지 않음, 어리석지 않음
▶ 無知蒙昧(무지몽매) : 지식이 없고 사리에 어두움
* 物弦(물현) : 물건이 활처럼 휘어짐
* 象(상) : 형상(形象)
* 亦然(역연) : 또한 그러함
* 偸閑(투한) : 바쁜 가운데 틈을 탐, 보통 '偸閒(투한)'으로 표기
* 肩輿(견여) : 사람 둘이 앞뒤에서 메는 가마
* 特地(특지) : 특별히, 일부러, 여기서 地(지)는 조사(助辭)
* 人煙(인연) : 사람의 집에서 불을 때어 나는 연기, 전(轉)하여 사람이 사는 기척 또는 인가(人家)·인구(人口)의 뜻으로 쓰임
* 海濶(해활) : 바다의 광활함
* 手掌國(수장국) : 손바닥 위의 나라
* 九曲淵(구곡연) : 아홉 굽이의 못, 깊은 연못
▶ 九曲肝腸(구곡간장) : 굽이굽이 깊이 든 마음속, 깊은 마음속
* 古名(고명) : 옛 이름, 옛날의 명성
* 有意(유의) : 의미가 있음
▶ 有意味(유의미) : 속에 뜻이 있음, 또, 그렇게 느껴지는 모양
* 今賞(금상) : 이제 감상함, 오늘 와 감상함

* 豈(기) : 어찌
* 非緣(비연) : 사연이 다름
* 不返(불반) : 돌아오지 않음, 돌이킬 수 없음
* 朝日(조일) : 아침 해
* 西天(서천) : 서쪽 하늘
* 龍湫(용추) : 폭포수가 떨어지는 바로 밑에 있는 웅덩이, 용소(龍沼)
* 回九轉(회구전) : 여러 번 둥글게 돌아듦
* 焉(언) : 어찌
  ▶ 焉敢生心(언감생심) : 어찌 감히 그런 마음을 품을 수 있단 말인가?
* 桃花水(도화수) : 도화가 필 무렵에 얼음이 녹아 흐르는 물이란 뜻으로, 봄철의 시냇물
  ▶ 이태백(李太白)의 시구 중, '桃花流水杳然去 別有天地非人間(복사꽃잎이 떠 흐르는 물 아득히 흘러가니 / 이곳은 별천지지 인간세상이 아니로구나)' 에서 차용한 느낌이 든다.
* 悲牽(비견) : 슬픔이 이끌다, 전(轉)하여 슬픔을 끌어냄 혹은 슬픔을 거둠
* 前(전) : 인도하다, 앞서 이끌다
* 蓬(봉) : 신선이 산다는 봉래산(蓬萊山), 혹은 무릉도원(武陵桃源)
* 醉題(취제) : 취흥(醉興)에 겨워 시를 짓다
* 庚子春(경자춘) : 조선조 정조 4년(1780) 봄

【추임새】

김영수 목사가 남긴 오언장율(五言長律 ; 오언(五言) 이십행(二十行)의 총 100자로 이뤄짐)의 이 시는 당시 작자가 용두암(龍頭巖)과 용연(龍淵) 일대를 직접 둘러보고 난 뒤 그 감회를 피력한 것으로 보인다. 엄밀하게는 이 시의 형태가 오언배율(五言排律 ; 5언 16행—총 80자)과 오언절구(五言絶句 ; 5언 4행—총 20자) 두 편의 시를 합성해놓은 형태라 할 것이다. 앞 시의 압운으로는 '연' 자 계열(杜律 '先' 韻)의 소리를 내는 것들로서 淵(연)(2회), 田(전), 圓(원), 然(연), 烟(연), 緣(연), 天(천) 등이고, 뒤의 오언절구는 '옹' 자 계열(杜律 '東' 韻)의 음가인 通(통), 蓬(봉)을 쓰고 있다.

제영(題詠)에 쓰인 서체(書體)의 흐름을 자세히 들여다보면, 주로 초서체의 형태를 띠면서 두 편의 시를 시간상 차이를 두고 쓴 것 같이 구분이 된다. 실제로 그 자체(字體)의 크기도 분명히 다르다. 그리고 나중에 쓴 오언절구의 시는 그야말로 취흥에 겨워 쓴 글이라는 말이 실감이 날 정도로 그 서체가 자유분방하면서도 난해하다.

이 시의 수사법 전개를 살펴보면 철저히 대비와 점층법적인 표현으로 일관하고 있음이 주목된다. 예컨대 1행의 高名(고명)과 13행의 古名(고명)에서는 동음이의어(同音異意語)적인 구사를, 2행의 雲鎖九龍淵(운쇄구룡연)과 12행의 龍藏九曲淵(용장구곡연)에서는 숫자 아홉 '九(구)'를 활용하며 구름과 용이 있는 용연의 특성을, 3행의 居五須居九(거오수거구)와 4행의 在天怯在田(재천겁재전)에서는 용의 수효와 거처공간을 들어 대비하면서 점층법적 수사법을, 5행의 行藏(행장)과 6행의 標顯(표현)은 감춤과 드러냄의 대비를, 13행의 古名(고명)과 14행의 今賞(금상)에서는 시간상 과거와 현재의 대비를, 19행의 桃花水(도화수)와 20행의 世前蓬(세전봉)에서는 무릉도원을 상징하는 유사의미의 차용기법 등을 확인할 수 있다. 특히 이 시에서는 숫자 아홉 '九(구)' 자가 무려 네 번이나 등장함도 이채롭다.

한편 위의 내용 중 "다섯인가 했더니 모름지기 아홉 용이나 살고, 하늘에만 있으려니 했더니 놀랍게도 밭에도 있네.[居五須居九 在天怯在田]" 란 표현은 아마도 제주에서 발생했던 '용의 승천(昇天)' 과 관련된 다음의 고사와 『주역(周易)』 '건위천(乾爲天)' 편의 내용에서 착상을 얻은 듯하다.

먼저 『조선왕조실록(朝鮮王朝實錄)』 세종조의 기록에는 이런 내용이 실려 있다.

> 제주안무사(濟州安撫使)에게 전지하기를,
> "병진년에 최해산(崔海山)이 도안무사(都安撫使)가 되었을 때, 치보(馳報) 하기를, '정의현(旌義縣)에서 다섯 마리의 용(龍)이 한꺼번에 승천(昇天)하였는데, 한 마리의 용이 도로 수풀 사이에 떨어져 오랫동안 빙빙 돌다가 뒤에 하늘로 올라갔습니다.' 하였는데, 용의 크고 작음과 모양과 빛깔과 다섯 마리 용의 형체를 분명히 살펴보았는가. 또 그 용의 전체를 보았는가, 그 머리나 꼬리를 보았는가, 다만 그 허리만을 보았는가. 용이 승천할 때에 운기(雲氣)와 천둥 번개가 있었는가. 용이 처음에 뛰쳐나온 곳이 물 속인가, 수풀 사이인가, 들판인가. 하늘로 올라간 곳이 인가(人家)에서 거리가 얼마나 떨어졌는가. 구경하던 사람이 있던 곳과는 거리가 또 몇 리나 되는가. 용 한 마리가 빙빙 돈 것이 오래되는가, 잠시간인가. 같은 시간에 바라다 본 사람의 성명과, 용이 이처럼 하늘로 올라간 적이 그 전후에 또 있었는가와, 그 시간과 장소를 그 때에 본 사람에게 방문하여 아뢰도록 하라."
> 하였다. 뒤에 제주안무사가 아뢰기를,
> "고로(古老)에게 방문하니, 지나간 병진년 8월에 다섯 용이 바다 속에서 솟아 올라와 네

용은 하늘로 올라갔는데, 운무(雲霧)가 자우룩하여 그 머리는 보지 못하였고, 한 용은 해변에 떨어져 금물두(今勿頭)에서 농목악(弄木岳)까지 뭍으로 갔는데, 풍우(風雨)가 거세게 일더니 역시 하늘로 올라갔다 하옵고, 이것 외에는 전후에 용의 형체를 본 것이 있지 아니하였습니다." 하였다.

— 『조선왕조실록(朝鮮王朝實錄)』 세종 22년(1440) 1월 30일(계유)

한편 『주역(周易)』 '건위천(乾爲天)' 편에는 '현룡재전(見龍在田)' 과 '비룡재천(飛龍在天)' 이 등장한다. 즉 두 번째 양효[九二]의 설명으로 '현룡(見龍)은 밭에 있다' 라고 했고, 다섯 번째 양효[九五]의 설명으로 '비룡(飛龍)은 하늘에 있다' 라고 했다.

용은 상상 속의 동물이면서도 변화무쌍함을 상징한다. 이런 특성을 용연과 관련시켜 시상을 전개시키면서도 아울러 현세의 슬픔을 초월할 수 있는 무릉도원을 설정하여 그것을 실현코자하는 소박한 생각이 이 시에는 잘 담겨있다고 할 것이다.
그렇지만 현재 이곳에 남아있는 제영의 자획을 읽어내려 가기란 여간 쉽지 않다. 본래 이 제영에 씌어진 서체가 작자의 활달한 초서체류로 되어있음도 그러려니와 바닷가에 바로 인접해 있어 글씨 부분에 염분으로 덮인 석화(石花)현상과 바탕이 다공질의 암석으로 되어있어 자획의 선명치 못함도 그런 연유에 포함된다.
김영수 목사가 남긴 이 제영은 현전하는 제주도 마애명 중 가장 많은 글자를 쓴 시로 기록될 뿐만 아니라, 방선문에 남겨진 오언율시(총 40자) '환선대(喚仙臺)' 와 더불어 두 곳에 무려 140자의 마애각 시어를 남긴 셈이 된다.

김영수(金永綏, 1715~?)는 조선조 정조 2년(1778) 2월에 제주목사로 부임했다가 3년 뒤인 정조 5년(1781) 3월에 체임되어 떠났다. 목사로 재임시에 운주당(運籌堂)과 연무정(演武亭)을 중수하였으며, 산지천(山地川) 서안으로 간성(間城)을 쌓기도 했다. 재임 시 홍대섭(洪大燮)이라는 자를 징계하지 않았다는 사유로 조정의 탄핵 대상이 되기도 했다.
당시 제주에는 유배인 조정철(趙貞喆, 뒤에 제주목사로 부임) 등이 있었는데, 김영수 목사의 후임으로 온 김시구(金蓍耈) 목사 때에는 홍윤애(洪允愛)의 장살(杖殺)사건이 터지면서 급기야 조정에서는 박천형(朴天衡) 어사가 파견되는 등 제주사회가 몹시 어수선한 분위기였다. 목사 김시구와 판관 황인채(黃麟采) 등이 파직되어 떠났고, 어사 박천형은 김영수 목사와 연루됐다던 홍대섭을 자백도 받지 않고 군율을 적용한 것이 문제가 되어 제주어사에서 파직당하기도 했다.
현재 관덕정에는 김영수 목사의 제액으로 된 '耽羅形勝(탐라형승)' 이라는 대자(大字) 현판이 남아있고, 방선문(訪仙門)에도 '喚仙臺(환선대)' 라는 큰 글씨의 제명과 함께 그의 오언율시(五言律詩)의 시가 음각(陰刻)되어 남아있다. 방선문에 제액을 남긴 해가 '기해(己亥, 1779)' 이고, 용연에는 '경자(庚子, 1780)' 의 간지가 남아있는 것으로 미루어 1년의 간격으로 두 군데에 제영을 남긴 것으로 파악된다. 제영의 마지막 부분에는 두 군데 모두 '아들 낙원[子 樂圓]' 이라는 글씨가 함께 있음도 주목을 끈다.

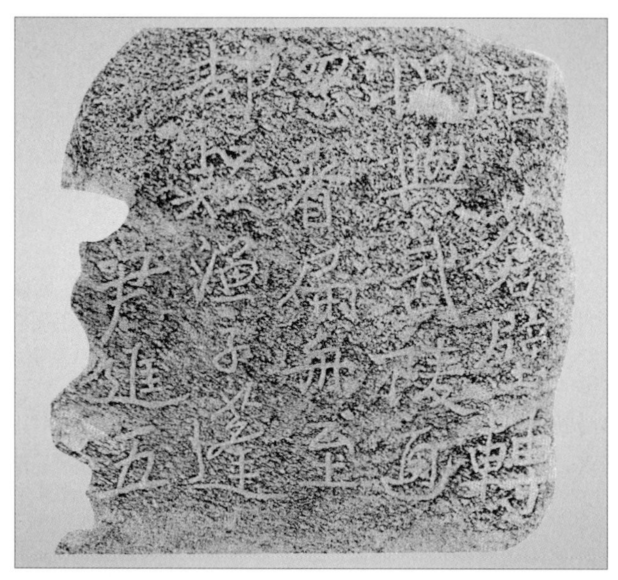

윤진오(尹進五)의 오언절구(五言絶句)

回回蒼壁轉
怳與武陵通
忽看扁舟至
却疑漁子蓬

*韻字 : 五律「東」韻 — 通、蓬

尹進五

빙그르르 돌아들며 푸른 절벽 둘러친 곳,
그 황홀함이 더불어 무릉(武陵)과 통해있네.
문득 다가오는 조각배 보며 혼자 생각하길,
'행여나 저 어부 무릉도원 다녀오던 길 아닐런가.'

윤진오

【어석語釋】
* 回回(회회) : 빙빙 도는 모양
* 蒼壁(창벽) : 푸른 절벽
* 轉(전) : 구르다, 돌아들다
* 恍(황) : 황홀(恍忽)하다
* 與(여) : 더불어
* 武陵(무릉) : 무릉도원(武陵桃源)
* 通(통) : 통하다
* 忽看(홀간) : 느닷없이 갑자기 보이다
* 扁舟(편주) : 조각배, '片舟' 와 동일
* 至(지) : 이르다, 다다르다
* 却疑(각의) : 의심을 떨쳐버리다, 틀림없이
* 漁子(어자) : 어부(漁夫)
* 蓬(봉) : 봉래산(蓬萊山), 즉 무릉도원(武陵桃源)

▶ 漁子蓬(어자봉) : 중국 진(晉)나라의 도연명(陶淵明)이 지은 「도화원기(桃花源記)」에 어떤 어부가 길을 잃고 헤매다가 도림(桃林)에 들어가서 선경(仙景)을 보고 나왔다는 고사를 떠올리게 하는 내용이다.

【추임새】

비췻빛 푸른 절벽으로 이뤄진 용연과 한두기 포구로 들어오는 조각배, 그리고 노를 젓는 어부가 이 시의 주요 소재로 등장하고 있다. 그러면서 이런 정경을 흡사 도연명의 「도화원기(桃花源記)」 속에서 묘사한 한 어부의 풍경과 대비시키면서 시상을 전개시키고 있다.
운자로는 앞서 소개한 김영수 목사의 오언장율 중 후반의 오언절구의 시에서 3자를 압운으로 차용하고 있음을 알 수 있다. 곧 1행의 轉(전), 2행의 通(통), 4행의 蓬(봉)자가 바로 그것이다.

이 시의 작자인 윤진오(尹進五, 생몰년 미상)의 인적사항은 자세히 알려진 게 없다. 다만 윤진오란 이름이 이곳 용연의 제영(題詠) 말고도, 현재 방선문 마애각 제명(題名)으로도 남아있다. 제명이 남아있는 곳이 김영수 목사의 '환선대(喚仙臺)' 하단 좌측에 인접되어 있는 점과 이 시에서 나타나는 것처럼 김영수 목사의 오언절구에서 운자를 차용하고 있는 점으로 미루어 볼 때 작자인 윤진오는 아마도 김영수 목사의 재임 시나 혹은 그 이후에 활동했던 문인으로 짐작된다.

제3부

제명편 題名篇

1. 용연(龍淵) 마애각(磨崖刻) 제명(題名) 일람(一覽)
2. 역대(歷代) 제주목사(濟州牧使) 제명기(題名記)

⊠ 기타 인사의 제명

1. 용연(龍淵) 마애각(磨崖刻) 제명(題名) 일람(一覽)

(1) 강석오(姜錫五) : 출신(出身)이란 직함 씀, 목사 정기원 · 판관 백기호 우측에 있음
(2) 강성좌(姜聖佐) : 판관(判官)으로서 원 상(元 相) 목사 배행
(3) 강우영(姜雨迎) : 이익한(李翊漢) 목사 배행, '姜(강)' 자가 희미함
(4) 고치원(高致遠) : 이익한(李翊漢) 목사 배행
(5) 곽국주(郭國柱) : 이 괴(李 襘) 목사 배행
(6) 권세공(權世恭) : 신덕함(申德涵)과 나란히 있음, 홍중징 목사의 막료로 추정됨
(7) 김경오(金敬吾) : 안경운(安慶運) 목사 배행
(8) 김낙원(金樂圓) : 김영수 목사의 아들, 방선문의 제명과 동일한 형태임
(9) 김도흥(金道興) : 김몽규 목사의 제명 좌측에 홀로 있음
(10) 김득기(金得基) : 김몽규(金夢煃) 목사 배행
(11) 김몽규(金夢煃) : 목사(1753), 군관 이 섭(李 涉) 등 7인이 배행, '癸酉 仲春'
(12) 김숙기(金肅基) : 김몽규(金夢煃) 목사의 장자(長子), 성한종(成漢宗) · 김욱기(金郁基)와 나란히 있음
(13) 김영수(金永綏) : 목사(1780), '高名何太古(고명하태고)' 의 오언장율의 제영 남김, '庚子 春'
(14) 김 우(金 雨) : 판관(判官)으로서 이 괴(李 襘) 목사 배행
(15) 김욱기(金郁基) : 김몽규(金夢煃) 목사의 차자(次子), 성한종(成漢宗) · 김숙기(金肅基)와 나란히 있음

(16) 김윤돌(金允乭) : 동안 암벽 상단에 홀로 있음

(17) 나동선(羅東善) : 이양정(李養鼎) 목사 배행

(18) 나팔기(羅八紀) : 판관(判官)으로서 이익한(李翊漢) 목사 배행

(19) 남익상(南益祥) : 목사(1767), 직함 · 배행자 없이 동안 상단에 홀로 있음, '丁亥 秋'

(20) 목조정(睦祖亭) : 이이환(李彛煥) · 허 선(許 磰) · 정기문(鄭起文)과 나란히 있음

(21) 박 선(朴 瑄) : 원 상(元 相) 목사 배행

(22) 박 수(朴 壽) : 원 상(元 相) 목사 배행

(23) 박수봉(朴壽鳳) : 권세공(權世恭) · 신덕함(申德涵)의 제명 우측에 있음

(24) 박영한(朴永漢) : 군관(軍官)으로서 심원택(沈遠澤) 목사 배행

(25) 박장호(朴章浩) : 심원택(沈遠澤) 목사 배행

(26) 박창봉(朴昌鳳) : 판관(判官), 홍중징의 제액 '翠屛潭(취병담)' 아래에 위치함, '甲戌 仲夏'

(27) 박효원(朴孝元) : 이 괴(李 襘) 목사 배행

(28) 백기호(白基虎) : 판관(判官)으로서 정기원(鄭岐源) 목사 배행

(29) 변삼걸(卞三傑) : 원 상(元 相) 목사 배행

(30) 서도겸(徐道謙) : 원 상(元 相) 목사 배행

(31) 성한종(成漢宗) : 김숙기(金肅基) · 김욱기(金郁基)와 나란히 있음

(32) 송유종(宋維宗) : 원 상(元 相) 목사 배행

(33) 신덕함(申德涵) : 권세공(權世恭)과 함께 있음, 홍중징 목사의 막료인 듯함

(34) 신이언(愼而言) : 군관(軍官)으로서 원 상(元 相) 목사 배행

(35) 신일동(辛一東) : 김몽규(金夢煃) 목사 배행

(36) 심낙중(沈樂中) : 심원택 목사의 제명 우측에 있음, '우서' (又西)란 호를 앞에 씀

(37) 심상준(沈相俊) : 심원택(沈遠澤) 목사 배행

(38) 심원택(沈遠澤) : 목사(1886), 군관 박영한(朴永漢) 등 3인이 배행, '丙戌 九月'

(39) 안경운(安慶運) : 목사(1741), 취범(取範) · 치범(致範) 二子(이자)와 군관 임귀춘(林貴春) 등 배행 '辛酉 三月'

(40) 안취범(安取範) : 안경운(安慶運) 목사의 장자(長子), 진사(進士)라는 직함이 있음

(41) 안치범(安致範) : 안경운(安慶運) 목사의 차자(次子), 제액이 2회 나옴(배행, 단독)

(42) 안효증(安孝曾) : 이 괴(李 襘) 목사 배행

(43) 양우표(梁宇標) : 군관(軍官)으로서 이 괴(李 襘) 목사 배행

(44) 우세기(禹世起) : 안경운(安慶運) 목사 배행

(45) 원덕화(元德和) : 원 상(元 相) 목사 제명 하단에 작은 글씨로 있음

(46) 원 상(元 相) : 목사(1680), 판관 강성좌(姜聖佐) 등 11인이 배행, '康熙 十九年 七月'

(47) 유홍국(劉興國) : 이익한(李翊漢) 목사 배행, '興(홍)'이 희미함

(48) 윤비은(尹棐殷) : 판관 박창봉(朴昌鳳)의 제명 좌측에 홀로 있음

(49) 윤진오(尹進五) : '回回蒼壁轉(회회창벽전)' 의 오언절구의 제영 남김

(50) 이경린(李景麟) : 이양정(李養鼎) 목사 배행

(51) 이 괴(李 襘) : 목사(1658), 판관 김 우(金 雨) 등 10인이 배행, '戊戌 中秋'

(52) 이명준(李命俊) : 목사(1788), 직함 · 방문일시 · 배행자 없이 홀로 제액이 위치함

(53) 이 상(李 裳) : 이 괴(李 襘) 목사 배행

(54) 이 섭(李 涉) : 군관으로서 김몽규(金夢煃) 목사 배행

(55) 이양정(李養鼎) : 목사, 이경린 등 4인이 배행, 직함 · 방문일시 등이 없음

(56) 이 완(李 緩) : 원 상(元 相) 목사 배행

(57) 이유겸(李儒謙) : 이양정(李養鼎) 목사 배행

(58) 이유호(李惟豪) : 원 상(元 相) 목사 배행

(59) 이이환(李彝煥) : 목조정(睦祚亭) · 허선(許 磰) · 정기문(鄭起文)과 함께 있음

(60) 이익한(李翊漢) : 목사(1663), 판관 나팔기(羅八紀) 등 9인이 배행, '癸卯 元月'

(61) 이인보(李寅輔) : 안경운(安慶運) 목사 배행, 제명 '안치범' (安致範)의 글씨 씀

(62) 이재관(李在寬) : 이명준(李命俊) 목사의 제명 좌측 모서리에 있음

(63) 이필동(李弼董) : 우측에 정기문(鄭起文) · 허 선(許 磰) · 목조정(睦祖亭) 등이 있음

(64) 임관주(任觀周) : '白鹿潭流水(백록담유수)' 의 오언절구 제영 남김, '丁亥季秋'

(65) 임귀춘(林貴春) : 군관으로서 안경운(安慶運) 목사 배행

(66) 장 식(張 湜) : 이양정(李養鼎) 목사 배행

(67) 장유목(蔣有睦) : 이 괴(李 襘) 목사 배행

(68) 정기문(鄭起文) : 이이환(李彝煥) · 목조정(睦祖亭) · 허 선(許 磰) 등과 나란히 있음

(69) 정기원(鄭岐源) : 목사(1864), 판관 백기호(白基虎) 배행, '甲子 三月　日'

(70) 정동우(鄭東羽) : 김몽규(金夢煃) 목사 배행

(71) 정　서(鄭　曙) : 교수(敎授)로서 이익한(李翊漢) 목사 배행

(72) 정언좌(鄭彦佐) : 김몽규(金夢煃) 목사 배행

(73) 정유설(鄭維卨) : 교수(敎授)로서 원 상(元 相) 목사 배행

(74) 정준립(鄭俊立) : 이익한(李翊漢) 목사 배행

(75) 정지승(丁志升) : 안경운(安慶運) 목사 배행

(76) 조기선(趙機善) : 이익한(李翊漢) 목사 배행

(77) 조태민(趙泰敏) : 김몽규(金夢煃) 목사 배행

(78) 최상훈(崔尙勳) : 군관으로서 이익한(李翊漢) 목사 배행

(79) 최준흥(崔峻興) : 원 상(元 相) 목사 배행

(80) 최　탁(崔　倬) : 김몽규(金夢煃) 목사 배행

(81) 최　필(崔　佖) : 사인(士人)으로서 이 괴(李 襘) 목사 배행

(82) 하진선(河晋善) : 교수(敎授)로서 이 괴(李 襘) 목사 배행

(83) 한창유(韓昌裕) : '海以兼山隱一潭(해이겸산은일담)' 의 칠인절구의 제영 남김, '옥계(玉溪)' 란 호 사용

(84) 허　선(許　礳) : 이이환(李彛煥) · 목조정(睦祖亭) · 정기문(鄭起文) 등과 함께 있음

(85) 홍순대(洪淳大) : 홍종우(洪鍾宇) 목사의 아들로서 홍 목사의 제명과 함께 있음

(86) 홍종우(洪鍾宇) : 목사(1904), 직함 없이 제명만 남김, '光武 甲辰 四月'

(87) 홍중징(洪重徵) : 목사(1739), '취병담(翠屛潭)' 3자의 초서체 제명 남김, '己未 夏'

2. 역대(歷代) 제주목사(濟州牧使) 제명기(題名記)

(1) 이　괴(李　襘 ; 효종 9년(戊戌) / 1658. 4 ~ 현종 1년(庚子) / 1660. 5)

(2) 이익한(李翊漢 ; 현종 3년(壬寅) / 1662. 8 ~ 현종 4년(癸卯) / 1663. 3)

(3) 원　상(元　相 ; 숙종 6년(庚申) / 1680. 5 ~ 숙종 6년(庚申) / 1680. 8)

(4) 홍중징(洪重徵 ; 영조 14년(戊午) / 1738. 10 ~ 영조 15년(己未) / 1739. 9)

(5) 안경운(安慶運 ; 영조 16년(庚申) / 1740. 9 ~ 영조 19년(癸亥) / 1743. 3)

(6) 김몽규(金夢煃 ; 영조 28년(壬申) / 1752. 12 ~ 영조 30년(甲戌) / 1754. 10)

(7) 남익상(南益祥 ; 영조 43년(丁亥) / 1767. 2 ~ 영조 45년(乙丑) / 1769. 7)

(8) 김영수(金永綬 ; 정조 2년(戊午) / 1778. 12 ~ 정조 5년(辛丑) / 1781. 3)

(9) 이양정(李養鼎 ; 정조 5년(辛丑) / 1781. 7 ~ 정조 6년(壬寅) / 1782. 1)

(10) 이명준(李命俊 ; 정조 10년(丙午) / 1786. 4 ~ 정조 12년(戊申) / 1788. 3)

(11) 정기원(鄭岐源 ; 철종 14년(癸亥) / 1863. 1 ~ 고종 1년(甲子) / 1864. 3)

(12) 심원택(沈遠澤 ; 고종 23년(丙戌) / 1886. 5 ~ 고종 25년(戊子) / 1888. 7)

(13) 홍종우(洪鍾宇 ; 고종 광무 7년(癸卯) / 1903. 1 ~ 고종 광무 9년(乙巳) / 1905. 3)

* (　)의 연도는 제주목사 재임기간임

(1) 이 괴 (李 檜)

▶ 재임기간 : 효종 9년(戊戌) / 1658. 4 ~ 현종 1년(庚子) / 1660. 5

▶ 재임 중 업적 : 조정에 계청하여 산마(山馬) 감독관제도를 설치, 김만일의 아들 김대길로 하여금 감목관 벼슬을 주고 그 자손에게 세습하게 함, 제주출신 진사 김진용의 건의에 따라 장수당(藏修堂)을 건립함, 삼읍의 자제들 교육에 헌신함

● 직함 : 목사(牧使)

● 배행자 : 판관(判官) 김 우(金 雨), 사인(士人) 최 필(崔 佖), 군관(軍官) 양우표(梁宇標), 김제건(金梯建), 이 상(李 裳), 안효증(安孝曾), 곽국주(郭國柱), 박효원(朴孝元), 장유목(蔣有睦), 교수(授授) 하진선(河晋善)

● 방문일시 : 효종 9년(1658) 가을[戊戌 中秋]

※ 특기사항 : 제명 바로 위에는 '仙遊潭(선유담)' 3자가 있고 10명의 배행자 명단이 함께 부기됨, 끝 부분에 '來至居客之石(길손이 머물다가는 돌에 찾아옴)' 이라는 문구가 병기되어 있음

(2) 이익한 (李翊漢)

▶ 재임기간 : 현종 3년(壬寅) / 1662. 8 ~ 현종 4년(癸卯) / 1663. 3
▶ 재임 중 업적 : 전라감사의 협의를 피하였다는 이유로 사직하고 떠나감, 제주에 시재어사를 파견 시재를 권장토록 함, 전선(戰船) 주조의 폐단과 민원이 높음을 제기하고 이의 시정을 조정에 진정함

- 직함 : 절제사(節制使)
- 배행자 : 판관(判官) 나팔기(羅八紀), 교수(教授) 정 서(鄭 曙), 군관(軍官) 최상훈(崔尙勳), 정준립(鄭俊立), 정여립(鄭如立), 고치원(高致遠), 유홍국(劉興國), 조기선(趙機善), 강우영(姜雨迎)
- 방문일시 : 현종 4년(1663) 1월[癸卯 元月]

※ 특기사항 : 명단 맨 앞에 '박석홍(珀石泓) 선사록(仙查錄)' 이라는 문구를 새겨 놓았음

(3) 원상 (元 相)

▶ 재임기간 : 숙종 6년(庚申) / 1680. 5 ~ 숙종 6년(庚申) / 1680. 8
▶ 재임 중 업적 : 3개월여의 제주목사 기간 중 특별한 업적이 별로 없음

● 직함 : 목사(牧使)
● 배행자 : 판관(判官) 강성좌(姜聖佐), 교관(敎官) 정유설(鄭維卨), 군관(軍官) 신이언(愼而言), 이 완(李 緩), 송유종(宋維宗), 서도겸(徐道謙), 박 수(朴 壽), 박 선(朴 瑄), 최준홍(崔峻興), 역학(譯學) 이유호(李惟豪), 심약(審藥) 변삼걸(卞三傑)
● 방문일시 : 숙종 6년(1680) 7월[康熙 十九年 七月]

※ 특기사항 : 제명의 맨 앞에 '同遊錄(동유록)' 이라 했고, 방문일시를 간지가 아닌 중국 연호, 康熙(강희)를 사용함이 이색적임

(4) 홍중징 (洪重徵)

▶ 재임기간 : 영조 14년(戊午) / 1738. 10 ~ 영조 15년(己未) / 1739. 9
▶ 재임 중 업적 : 도임한 해 흉년이 들어 조정에 진휼을 요청, 제주향교에 청금생(青衿生)을 설치, 현재 제주향교에 '牧使洪公重徵立青衿案碑(목사홍공중징입청금안비)'(1982)의 비석이 있음

● 직함 : 없음
● 배행자 : 하단에 군관(軍官) 권세공(權世恭), 신덕함(申德涵)이 함께 있음
● 방문일시 : 영조 15년(1739) 여름[己未 夏]

※ 특기사항 : 초서체로 된 '翠屛潭(취병담)' 3자의 제명을 남김

(5) 안경운 (安慶運)

▶ 재임기간 : 영조 16년(庚申) / 1740. 9 ~ 영조 19년(癸亥) / 1743. 3
▶ 재임 중 업적 : 귤림당(橘林堂)을 중수하고, 삼성묘(三姓墓)에 재생(齋生)을 둠

● 직함 : 방어사(防禦使) ※ '사(使)' 자가 누락됨
● 배행자 : 자(子) 취범(取範) 진사(進士), 치범(致範), 군관(軍官) 임귀춘 (林貴春), 정지승(丁志升), 우세기(禹世起), 이인보(李寅輔), 김경오(金敬吾)
● 방문일시 : 영조 17년(1741) 3월[辛酉 三月]

※ 특기사항 : 안경운 목사의 차자(次子) 안치범(安致範)의 제명이 별도로 서벽(西壁)에 군관 이인보(李寅輔)가 쓴 큰 글씨로 남아 있음

趙泰敏
鄭彦佐
金得基
鄭東羽
癸酉仲春

(6) 김몽규 (金夢煃)

▶ 재임기간 : 영조 28년(壬申) / 1752. 12 ~ 영조 30년(甲戌) / 1754. 10

▶ 재임 중 업적 : 운주당(運籌堂)과 관덕정(觀德亭)을 중수함, 제주성 동서남문 세 곳에 옹중석(翁中石－돌하르방)을 세움, 임금탄신일에 축하전문을 제대로 올리지 않아 파직됨, 현재 제주향교에 牧使金公夢煃尊聖待士碑(목사김공몽규존성대사비)(1759)의 비석이 세워져 있음

● 직함 : 목사(牧使)

● 배행자 : 군관(軍官) 이 섭(李 涉), 조태민(趙泰敏), 신일동(辛一東), 정언좌(鄭彦佐), 김득기(金得基), 정동우(鄭東羽), 최 탁(崔 倬)

● 방문일시 : 영조 29년(1753) 봄[癸酉 仲春]

※ 특기사항 : 방선문의 마애명 서체와 동일하고, 서각의 현존 형태가 매우 양호함, 제명 우측으로 성한종(成漢宗) · 김숙기(金肅基) · 김욱기(金郁基)의 제명이 별도로 있는데 방선문 마애명의 기록에 숙기(肅基) · 욱기(郁基)가 김몽규 목사의 아들들로 기록된 점으로 미루어 보아, 성한종은 김 목사의 사위로 추정됨

(7) 남익상(南益祥)

▶ 재임기간 : 영조 43년(丁亥) / 1767. 2 ~ 영조 45년(乙丑) / 1769. 7
▶ 재임 중 업적 : 청곡(請穀)의 수량을 남발한 관계로 파직됨, 비장청(裨將廳)을 건립하고, 남북수구(南北水口)를 구축하였음

● 직함 : 없음
● 배행자 : 없음
● 방문일시 : 영조 43년(1767) 가을[丁亥 秋]

※ 특기사항 : 직함이나 배행자 명단 없이 동벽(東壁) 상단에 홀로 제액이 위치함

(8) 김영수(金永綏)

▶ 재임기간 : 정조 2년(戊午) / 1778. 12 ~ 정조 5년(辛丑) / 1781. 3
▶ 재임 중 업적 : 운주당(運籌堂)과 연무정(演武亭)을 중수함, 산지천 서안으로 간성(間城)을 쌓음, 홍대섭(洪大燮)이라는 자를 징계하지 않았다는 사유로 조정의 탄핵대상이 됨

● 직함 : 없음
● 배행자 : 아들[子] 낙원(樂圓)
● 방문일시 : 정조 4년(1780) 봄[庚子 春]

※ 특기사항 : '高名何太古(고명하태고)' 로 시작하는 오언장율(五言長律 ; 5言 20行 – 총 100자)의 제영을 남김, 방선문에도 그가 남긴 '喚仙臺(환선대)' 란 큰 글씨의 제액과 '萬壑乾坤大(만학건곤대)' 로 시작하는 오언율시(五言律詩)의 제영이 있음

羅東善
李儒謙

(9) 이양정 (李養鼎)

▶ 재임기간 : 정조 5년(辛丑) / 1781. 7 ~ 정조 6년(壬寅) / 1782. 1
▶ 재임 중 업적 : 김시구(金蓍耉) 목사의 후임으로 도임, 재임하던 해에 순무어사(巡撫御使) 박천형(朴天衡)이 내도, 과장을 개설하여 김용(金鏞), 변경우(邊景祐), 강성익(康聖翊) 3명을 시취(試取)하였음

● 직함 : 없음
● 배행자 : 이경린(李景麟), 장 식(張 湜), 나동선(羅東善), 이유겸(李儒謙)
※ 모두 이양정 목사의 막료(幕僚)로 추정됨
● 방문일시 : 없음

※ 특기사항 : 이양정 목사의 마애각 제명은 이곳 용연 외에도 한라산과 산방산에도 있음

(10) 이명준 (李命俊)

▶ 재임기간 : 정조 10년(丙午) / 1786. 4 ~ 정조 12년(戊申) / 1788. 3

▶ 재임 중 업적 : 부임한 해의 가을 흉년이 들자 비축해둔 곡식 130여 석으로 특히 피해가 심한 정의고을 주민들을 구휼, 다음해에도 연달아 흉년이 닥치자 조정에 미(米) 300석을 청하여 구휼에 힘씀, 부임 3년째 병으로 사직함

● 직함 : 없음
● 배행자 : 없음
● 방문일시 : 없음

※ 특기사항 : 방선문 마애각 제명의 형태와 같이 홀로 이름만 새겨 있음

判官
白基慶

(11) 정기원 (鄭岐源)

▶ 재임기간 : 철종 14년(癸亥) / 1863. 1 ~ 고종 1년(甲子) / 1864. 3

▶ 재임 중 업적 : 임술민란의 주동자 강제검(姜悌儉), 김흥채(金興采)를 체포, 사형을 집행하고 나니 민심이 안정됨, 행정을 펴는 데 있어 청렴결백하고, 강직하여 위엄이 있었음, 현재 제주목관아지와 서김녕리 비석거리에 정기원 목사의 선정비가 세워져 있음

- 직함 : 목사(牧使)
- 배행자 : 판관(判官) 백기호(白基虎), 출신(出身) 강석오(姜錫五)
- 방문일시 : 고종 원년(1864) 3월[甲子 三月 日]

※ 특기사항 : 배행자 중 강석오의 직함인 出身(출신)은 무관으로 추정됨. 이원진(李元鎭)의 『탐라지(耽羅志)』에 '출신청(出身廳 : 조선시대 무예 출신들이 근무하던 관아)' 의 기록이 보임

軍官朴永漢
沈相俊
朴章喆
戊戌九月日

(12) 심원택 (沈遠澤)

▶ 재임기간 : 고종 23년(丙戌) / 1886. 5 ~ 고종 25년(戊子) / 1888. 7
▶ 재임 중 업적 : 부임한 해 여름 제주 섬 전역에 전염병이 크게 번져 수만 명이 죽고, 더구나 7월에는 큰 홍수가 나 가옥이 침수되고 남북수구가 저절로 무너지는 사태가 발생함, 이듬해 남수문 홍문(虹門)을 개축함, 그를 기리는 비석 – 牧使沈遠澤興學碑(목사 심원택흥학비)(1890)가 현재 제주향교에 세워져 있음

● 직함 : 목사(牧使)
● 배행자 : 군관(軍官) 박영한(朴永漢), 심상준(沈相俊), 박장호(朴章浩)
● 방문일시 : 고종 23년(1886) 9월[丙戌 九月]

※ 특기사항 : 방선문에도 심원택 목사의 제명이 있는데 배행자 명단 및 좌측의 우서(又西) 심낙중(沈樂中)의 제명까지 동일함

洪鍾宇

(13) 홍종우 (洪鍾宇)

▶ 재임기간 : 고종 광무 7년(癸卯) / 1903. 1 ~ 고종 광무 9년(乙巳) / 1905. 3
▶ 재임 중 업적 : 1901년 제주에서 발생한 이재수 난의 원활한 마무리를 위해 프랑스통인 홍종우를 제주목사로 파견함, 민란 과정에서 피살된 교인들을 황사평의 민전을 양도받아 공동 안장처로 사용할 수 있게 함, 영은정(泳恩亭)을 만들고 망경루(望京樓)를 중수(重修)함, 산에 있는 소나무를 많이 벌채하고 민재 1만 냥을 징수하여 삼군에 분장한다고 하면서 뇌물로 쓰는 등 사회가 부정부패로 가득차 원성이 높았다 함, 참고로 홍종우는 구한말 당시 개화파 김옥균(金玉均)을 권총으로 살해한 장본인임

● 직함 : 없음
● 배행자 : 자(子) 순대(淳大)
● 방문일시 : 고종 광무 8년(1904) 4월[光武 甲辰 四月]

※ 특기사항 : 그의 제명은 글자의 크기가 다른 제명과는 확연히 구분될 정도로 큰 것이 특징인데, 이곳 용연 말고도 방선문, 정방폭포, 산방산 등 모두 네 곳에 남아 있다.
한편 최근에 발간된 『그래서 나는 김옥균을 쏘았다』(조재곤 저)라는 책에서는 그에 대한 평가가 김옥균을 암살한 수구파라는 기존의 입장에서 탈피해 자주 근대화를 외친 제3의 개화인사로 보는 시각이 있어 흥미를 끈다. 즉 홍종우는 한국 최초의 프랑스 유학생으로서 유학 당시 「춘향전」과 「심청전」을 프랑스어로 번역해 유럽 전역에 한국을 소개했으며, 보수집권 세력과 외세 의존적 개화세력의 틈새를 비집고 나와 대한제국 선포를 주창하며 근대화를 외친 인물로 새롭게 조명되고 있다.

⊠ 기타 인사의 제명

(1) 동안벽(東岸壁) 제명

가. 판관(判官) 박창봉(朴昌鳳), 박수봉(朴壽鳳)
나. 이필동(李弼董) · 정기문(鄭起文) · 허 선(許 磰) · 목조정(睦祖亭) ·
이이환(李彝煥) · 이재관(李在寬)
다. 김윤돌(金允乭)
라. 김도흥(金道興)
마. 원덕화(元德和)
바. 윤비은(尹棐殷)

(2) 서안벽(西岸壁) 제명

가. 안치범(安致範 ; 안경운 목사의 차자)

제2편
용연·용두암 관련 문헌기록
龍淵·龍頭巖

제1부 사료(史料)·문집(文集)편
제2부 민간설화·전설편

제1부

사료·문집편

史料 文集

1. 노사신(盧思愼) 외, 『동국여지승람(東國輿地勝覽)』(1481)
2. 임형수(林亨秀), 『금호유고(錦湖遺稿)』(1546)
3. 임 제(林 悌), 『남명소승(南溟小乘)』(1578)
4. 김상헌(金尙憲), 『남사록(南槎錄)』(1602)
5. 이원진(李元鎭), 『탐라지(耽羅志)』(1655)
6. 이 증(李 增), 『남사일록(南槎日錄)』(1680)
7. 이익태(李益泰), 『지영록(知瀛錄)』(1696)
8. 이형상(李衡祥), 『탐라순력도(耽羅巡歷圖)』(1703)
9. 이형상(李衡祥), 『남환박물(南宦博物)』(1703)
10. 김춘택(金春澤), 『북헌거사집』(北軒居士集)(1710)
11. 김 정(金 政), 『노봉문집(蘆峰文集)』(1737)
12. 한억증(韓億增), 『증보탐라지(增補耽羅誌)』(1746)
13. 정언유(鄭彦儒), 「탐라별곡(耽羅別曲)」(1749)
14. 조정철(趙貞喆), 『정헌영해처감록(靜軒瀛海處坎錄)』(1812)
15. 이원조(李源祚), 『탐라지초본(耽羅誌草本)』(1843)
16. 이원조(李源祚), 『탐라록(耽羅錄)』(1843)
17. 장인식(張寅植), 『탐라지(耽羅誌)』(1850)
18. 김윤식(金允植), 『속음청사(續陰晴史)』(1897)
19. 김 협(金 浹), 『노귤시집(老橘詩集)』(일제강점기)
20. 신홍석(愼鴻錫), 『화암시집(禾菴詩集)』(일제강점기)
21. 홍종시(洪鍾時)의 '범주달야(泛舟達夜)' (일제강점기)
22. 김문주(金汶株), 『농은문집(農隱文集)』(일제강점기)
23. 김석익(金錫翼), 『탐라지(耽羅誌)』(일제강점기)
24. 제주도 편, 『미개(未開)의 보고(寶庫) 제주도(濟州島)』(1924)
25. 김두봉(金斗奉), 『제주도실기(濟州島實記)』(1936)
26. 담수계(淡水契) 편, 『증보탐라지(增補耽羅誌)』(1954)

[부록] (1) 굴원(屈原)의 「어부사(漁父辭)」(中國 戰國時代 ; 楚)
(2) 소동파(蘇東坡)의 「적벽부(赤壁賦)」(中國 宋代)

*( )의 연도는 원전의 내용이 씌어지던 시기임

1. 노사신(盧思愼) 외 『동국여지승람(東國輿地勝覽)』(1481)

⊙ '山川' 條 ('산천' 조)

○ **大川**

在州西三里旱乾雨漲水到凹處爲潴其深無底名曰龍湫歲旱就禱

○ 한내 : 주성(州城) 서쪽 3리에 있다. 가물 때는 말라버리고, 비가 오면 물이 불어난다. 물길은 오목한 곳에 이르러 웅덩이를 이루는데, 그 깊이가 바닥이 안 보일 정도로 깊다. 이름 하여 용추(龍湫)라고 한다. 가뭄이 든 해는 기우제를 올린다.

⊙ '橋梁' 條 ('교량' 조)

○ **大川橋**

在大川

○ 대천교(한내다리)

대천에 있다.

---

* 李荇 外, 『新增東國輿地勝覽』(影印本 ; 明文堂, 1981), 卷 38의 7쪽.
* 위에 인용한 원문(原文)의 우리말 풀이는 필자의 졸역(拙譯)임.

【추임새】

한내[大川]의 위치, 용소[龍湫]의 형태 그리고 기우제(祈雨祭)의 풍속 등을 간단하게 설명하고 있다. 아울러 한내를 가로지르는 다리인 '한내 다리' 즉 '대천교(大川橋)'가 있음을 적시하고 있다.

『동국여지승람(東國輿地勝覽)』은 조선 전기의 전국지리지로서 성종 12년(1481)에 왕명으로 노사신(盧思愼) · 양성지(梁誠之) · 서거정(徐居正) 등이 명나라의 『대명일통지(大明一統志)』를 참고로 하여 만든 책이다. 우리나라 각 도의 연혁, 풍속, 무덤 및 사당, 관청, 토산품, 성곽, 산천 등과 역대의 이름난 사람들의 기문(記文), 단군신화 등이 실려 있다. 중종 25년(1530)에 이르러 이행(李荇) · 윤은보(尹殷輔) 등이 왕명에 따라 『동국여지승람』을 새로 증보하여 『신증동국여지승람(新增東國輿地勝覽)』을 만들었다.

위의 기사는 이 책의 제주목(濟州牧)편 '산천(山川)' 조와 '교량(橋梁)' 조에 실려 있는 것으로서 현재까지 전하는 문헌기록상 용연과 관련된 내용을 담은 가장 오래된 것인 셈이다.

2. 임형수(林亨秀)의 『금호유고(錦湖遺稿)』(1546)

○ **濟龍頭**

幽窟龍盤爲擧頭　應耽節制好風流
蒼波日落生新興　綠酒杯深蕩舊愁
穴老毛興雲萬古　灘鳴皇犢月千秋
使君不是流連飮　爲(惜)風光却小留

(韻字 : 七律 '尤' 韻 - 頭, 流, 愁, 秋, 留)

---

* 원문에는 '惜' 자가 빠져 있음

○ 용머리를 건너며

굴속 깊이 스몄던 용, 머리 내어 치켜들었으니
목사[節制使]인들 응당 호풍류(好風流)를 탐낼 수밖에.
해 지자 푸른 물결 새로운 흥 일으키니,
잔 가득 푸른 술 부어 묵은 수심 씻어내네.
허물어진 모흥혈(毛興穴)엔 구름 인지 아득하고,
파도치는 한두기[皇犢]엔 천년 세월 달빛이네.
사또님 술독에 빠져 헤어나지 못함 이 아니라,
멋진 풍광(風光) 아쉬워 잠시 머물다갈 뿐이라오.

---

* 林亨秀, 『錦湖遺稿』(影印本 ; 제주시 소장).
* 위에 인용한 원문(原文)의 우리말 풀이는 필자의 졸역(拙譯)임.

【추임새】

금호(錦湖) 임형수(林亨秀 ; 1513~1547)의 '용머리를 건너며[濟龍頭]' 란 시는 『금호유고(錦湖遺稿』란 책에 실려 있다. 본래 이 작품집은 그가 서거한지 130여 년이 지난 숙종 4년

(1678)에 외현손 유응수(柳應壽)가 유문을 모으고, 김수항(金壽恒)이 편집하고, 이민서(李敏敍) 등이 간행해 펴낸 목판본 2권 1집으로 된 시문집이다.

이 책에 실린 임형수의 '용머리를 건너며[濟龍頭]' 란 시는 김상헌(金尙憲)의 『남사록(南槎錄)』에 '용두암(龍頭巖)' 이란 제명 하에 소개되고 있다. 그런데 시어(詩語)의 한자표기가 두 책이 다소 차이를 드러낸다. 『금호유고』와 『남사록』의 기록 중 표기가 다른 시어를 모아 보면 다음과 같다.

즉, 龍盤(용반)·龍蟠(용반), 酒杯(주배)·酒盃(주배), 皇犢(황독)·皇瀆(황독), 爲風光却小留(위풍광억소류)·爲惜風光却少留(위석풍광억소류) 등의 예가 그렇다. 여기에서 '반(盤, 蟠)' 과 '배(杯, 盃)' 는 통용되는 한자여서 그렇다고 하지만, '독(犢, 瀆)' 과 '소(小, 少)' 는 의미가 다르고 음만 같은 자가 쓰였다. 더구나 『금호유고』에서는 이 시 마지막 행의 '惜(석)' 자가 아예 빠져 있기도 하다. 아마도 유고집을 간행하던 후대의 사람들이 실수로 누락시킨 게 아닌가 짐작된다.

이 시의 작자인 금호(錦湖) 임형수(林亨秀)는, 중종(中宗) 30년(1535) 약관 23세의 나이로 문과에 급제하여 이조 정랑과 사간원 사간, 홍문관 응교 등을 역임하였다. 명종 즉위년(1545)에 제주목사로 임명되어 임금에게 하직인사를 올렸는데, 그때의 기사가 『조선왕조실록(朝鮮王朝實錄)』에 실려 있다. 여기에 부연하여 이르기를 "임형수가 젊기는 하나 공부를 많이 한데다 사려가 호방하고 처사가 관대하여 호걸이라 할 만하였다…"라고 기록하고 있다. 이로 보면 생존시에 당대의 석학 이황(李滉), 김인후(金麟厚) 등과 교유할 정도로 학식과 문장에서 명성을 날렸다고 함이 가히 짐작하고도 남음이 있다. 제주목사 재임 시에도 그는 제주 백성들의 처지를 걱정하고, 민생을 잘 돌아보았으며, 지방자제 교육에도 관심을 보여 훈학에 힘썼다고 전하고 있다. 목사로 부임한지 만 1년이 되는 이듬해 10월, 조정 간신배들의 모함으로 말미암아 파직되어 돌아갔다. 그 후 1년 뒤인 명종 2년(1547)에 벽서옥(壁書獄) 사건이 일어나면서 애매한 혐의를 받고 한창 젊은 나이인 35세에 사약을 받고 서거하기에 이른다.

한편 그의 이런 억울한 죽음을 애도하여 김인후(金麟厚 ; 1510~1560)는 '임사수(林士遂 ; 士遂는 임형수의 字)의 억울한 죽음을 슬퍼하는 노래[悼林士遂寃死歌]' 란 제목의 시조시 한 수를 남겼다.

엊그제 버힌 솔이 낙락장송(落落長松) 아니런가
적은 덧 두던들 동량재(棟梁材) 되리러니
이후에 명당(明堂)이 기울면 어느 낡이 받치리

그 뜻은 대강 이렇다. 엊그제 잘라버린 소나무가 바로, 곧고 높게 잘 자란 소나무가 아니더냐? 좀 더 한동안 그대로 남겨 두었던들 기둥이나 들보로 쓸 만한 큰 재목이 되었을 터인데 잘라버렸으니 아깝기도 하여라! 후일에 혹시나 대궐 안의 정전(正殿)이 기울어지기라도 한다면, 어디 또 그와 같은 재목이 있어 쓰러져가는 전각을 떠받쳐 바로잡을 수가 있겠는가?

여기에서 '엊그제 버힌 솔'은 억울하게 죽임을 당한 임형수를 상징하고, '명당(明堂)' 또한 당시 불과 13세의 어린 나이에 왕위에 오른 명종(明宗)의 조정을 빗대어 표현한 것으로 볼 수 있다.

이원진(李元鎭)의 『탐라지(耽羅志)』에는 제주의 역대 재임 목사 중 명환(名宦)의 한 사람으로 그를 들고 있으며, 철종 1년(1850) 봄에는 장인식(張寅植) 목사가 그의 업적을 기려 영혜사(永惠祠)에 종향(從享)케 하기도 했다.

3. 임제(林悌)의 『남명소승(南溟小乘)』(1578)

○ … 將欲渡海舟楫已具待風有日草草出遊登于龍頭巖舟于翠屛潭訪于毛興穴固無可無一語

○ … 바다를 건너가기 위해 선박을 모두 대령해놓고 바람을 기다리자니 여러 날이 걸렸다. 이에 간소하게 차리고 돌아다니며 구경하는데 용두암을 오르고, 취병담에서 배를 띄우고, 모흥혈을 찾아갔다. 참으로 하나의 말을 남기지 않을 수 없었다.

○ **龍頭巖** (長鯨慴伏, 大海朝宗)

海畔巑岏石　　龍頭謾設名
洪濤日夜擊　　猶作風雷聲

(韻字 : 五律 '庚' 韻 — 名, 聲)

○ 용두암 (고래는 두려워 엎드리고, 대해의 파도가 쏠린다.)

바닷가에 불끈 솟은 저 바위,
부질없이 용두(龍頭)라 이름 붙였구나.
큰 파도 밤낮 와서 부딪치는데,
그래도 우레 소리 일으킨다.

○ **翠屛潭** (岩留三字, 龍臥千秋)

城南只數里　　有峽淸而奇
石爲白玉屛　　潭作靑琉璃
岸上幾叢竹　　蕭蕭海風吹
扁舟倚桂棹　　吟玩歸遲遲

(韻字 : 五律 '微' 韻 — 里, 奇, 璃, 吹, 遲)

○ 취병담 (바위에 세 글자만 남아있고, 용은 천년토록 잠겨있다.)

성남으로 나가 몇 리 밖에
협곡 하나 청아하고 기이하다.
바위는 둘러 백옥병풍
못은 파란 유리잔.
언덕 위의 몇 무더기 대숲
해풍이 불어 소소한데
일엽편주 노에 기대어
노래하며 즐기다 천천히 돌아가세.

* 林悌 著(신호열 · 임형택 공역), 「南溟小乘」 『白湖全集(下)』(창작과 비평사, 1997), 852~853쪽, 1005~1006쪽 각각 참조.

【추임새】

'용두암(龍頭巖)' 이나 '취병담(翠屛潭)' 은 본래 계획에는 없었다가 우연히 씌어진 시들이다. 즉 작자인 임제(林悌 ; 1549~1587)가 제주에서의 체류 일정을 마치고 육지로 떠나려 할 때, 당시 날씨가 고르지 못해 출발이 지연되면서 잠시 머물게 된다. 그동안 그는 용두암을 오르고[登于龍頭巖], 용연에 배를 띄우기도 하며[舟于翠屛潭], 삼성혈을 찾아가[訪于毛興穴] 둘러보면서 그 감회를 각각 시로 남겼는데 그 중 두 편이 이것이다.

'취병담' 의 시를 통해 그는 중요한 단서 하나를 제공한다. 곧 이 시의 제목 '취병담' 에 부연해 설명하기를 '岩留三字 龍臥千秋(바위에 세 글자 남아있고 용은 천년토록 누워있다)' 라고 했다. 이런 점으로 미루어 생각해볼 때, 당시 임제가 이곳을 방문했을 당시에도 용연 암벽에는 '취병담(翠屛潭)' 이라는 3자의 마애명(磨崖銘)이 있었다는 사실이 확인된다. 결국 문헌기록상 '취병담' 의 출처는 임제의 『남명소승』이 가장 오랜 것이긴 하지만, 임제가 스스로 '취병담' 이라고 명명한 것은 아니다.

한편 시어의 내용 중 城南(성남)이라고 한 표현은 용연의 지리적 위치를 생각해볼 때 城西(성서)라고 해야 옳다. 그래서 후대의 제주문인들의 기록에는 임제의 이 시를 소개하면서 아예 城西(성서)로 바꿔 소개한 사례도 있다. 예컨대 김석익(金錫翼)의 『탐라지(耽羅誌)』, 김두봉(金斗奉)의 『제주도실기(濟州島實記)』, 담수계(淡水契)의 『증보탐라지(增補耽羅誌』의 경우가 그렇다.

그런데 당시 임제가 용연을 보러 나갈 때 제주성 남문(南門)을 통해 출입을 했던 것은 아니었을까? 그의 여정 중엔 삼성혈도 용두암, 취병담에 이어 포함되어 있다. 이렇게 생각해 보면 이 시의 城南只數里(성남지수리)는 자연스레 '성남으로 나가서 몇 리 밖에' 라는 의미로 표현된 것일 수 있다.

멋과 기백의 풍류 기남아, 시대를 앞서간 우국지사, 칼과 거문고의 조율사…, 이런 수식어가 따라붙는 백호(白湖) 임제(林悌)는 그의 나이 29세인 선조 10년(1577)에 속리산에서 나와, 그해 9월 문과(文科)에 급제하여 승문원(承文院) 정자(正字)에 배수된다. 그해 11월에는 당시 제주목사로 부임해 있던 부친을 근친(覲親)하기 위해 제주로 오고, 그리고 이듬해인 선조 11년(1578) 2월에 부친을 하직하고 제주도를 떠난다.

그가 제주에 체류해 있던 기간은 불과 4개월여밖에 되지 않는다. 제주에 체류하는 동안에 보고 느낀 감회를 일기체로 적어 엮어낸 것이 바로 『남명소승(南溟小乘)』이다. 한라산 정상을 오르기도 하고, 우도를 방문하는 등 실로 제주의 명승지는 두루 다 살피면서 16세기 당시 제주의 상황을 비교적 상세히 설명하고 있다.

그러면서 가는 곳마다 숱한 풍류 장부아적 기세를 떨친다. 일례로 그가 정의 읍내를 방문했다가 현판에 쓰인 절제사 임형수(林亨秀 ; 1513~1547)의 시구 중 '日落林鴉定, 天寒海戍空(해가 지니 까마귀 숲에 깃들고, 날씨 추워 바다 수자리 비었네.)' 란 글귀에 감회가 일어 즉석에서 다음과 같은 시를 짓기도 했다.

吾憐林節制　義氣滿天東
生世嗟相後　淸尊恨未同
英魂落何處　滄海杳連空
感激留佳句　孤吟夜政中

(韻字 : 五律 '東' 韻 - 東, 同, 空, 中)

나 임절제를 좋아합니다.
의기가 동천에 가득 찼기로
조금만 늦게 세상에 태어나실걸!
술자리 함께 못해 한스럽네요.
영령은 어느 곳에 날아가셨소?
푸른 바다 아득히 하늘과 닿았는데
남기신 명구(名句)에 감명을 받아
한밤중에 홀로 읊어봅니다.

한편 그의 나이 35세인 선조 16년(1583)에는 평안도 도사로 부임하게 되는데 도중에 황진이 무덤 앞에서 읊었던 다음의 시조는 유명하다.

청초(靑草) 우거진 골에 자는다 누웠는다
홍안(紅顔)은 어디 두고 백골(白骨)만 묻혔나니
잔 잡아 권할 이 없으니 그를 슬허하노라

그 뒤 서울에 돌아와 정5품 예조정랑을 지낸 백호 임제는 선조 20년(1587) 8월 21일에 지병이 악화되어 39세의 나이로 짧지만 굵직했던 생을 마감했다.

4. 김상헌(金尚憲)의 『남사록(南槎錄)』(1602)

○ (十月)十八日壬午陰西北風大吹漢拏山下雪宿濟州客舍朝起巡城食後發行到涯月中火過烈女千德之閭(牧使林晋時啓聞旌表)夕還濟州路上歷見水精寺又見都近川瀑布及斗泉海口龍湫欲上龍頭巖日暮風難未果只望見而來 … (中略)

按地誌龍湫在州西五里末流稱獨大浦其下有龍湫深無底旱則禱雨有應云左右石壁屛揷水色湛湛深綠其中廻抱窈窕漁人藏船避風處小乘稱翠屛潭者此也

龍頭巖在州西三里海上盤石斗起登其上西望海天無際北望大小火脫楸子斜鼠等島

○ 10월 18일, 임오(壬午), 흐리고 서북풍이 크게 붊. 한라산 아래에 눈이 쌓였고, 제주객사에서 묵었음. 아침에 일어나 성을 둘러보았다. 식사 후에 애월까지 이르는 행렬을 시작했고 화급하게 열녀 천덕(千德)의 정려를 지나왔다(임진 목사 때 계를 올려 듣고 정표를 내림). 저녁에 제주읍내로 돌아오는 길에 수정사(水精寺)와 도근천(都近川), 그리고 두천(斗泉)의 바다 입구인 용추(龍湫)를 두루 보았다. 용두암(龍頭巖) 위로 오르고자 했으니 날이 저물면서 바람이 어지러이 불어 그러지 못하고 단지 바라만 보다가 왔다 … (중략) … 지지(地誌)에 보면 용추(龍湫)는 주읍(州邑)의 서쪽 5리에 있는데 말류(末流)는 독대포(獨大浦)라고 부르고, 그 아래 용추가 있다. 깊어서 바닥이 없고, 가뭄에 비를 빌면 영험이 있다고 한다. 좌우에 석벽이 병풍처럼 꽂혔고, 물 빛깔은 깊게 고여 있어 짙은 녹색이다. 그 속은 감싸 안으며 아름답다. 어인(漁人)들이 배를 감추고 바람을 피하는 곳이기도 하다. 소승(小乘)에 취병담(翠屛潭)이라고 한 것이 이것이다.

용두암은 주읍(州邑)의 서쪽 3리에 있다. 해상으로 우뚝 솟아 있어, 그 위로 올라가서 서쪽을 바라보면 바다와 하늘이 끝없이 펼쳐지고, 북쪽으로 바라보면 대소화탈섬과 추자도, 사서도 등의 섬이 보인다.

○ **翠屛潭** 子順

城南只數里 有峽淸而奇
石爲白玉屛 潭作靑琉璃

岸上幾叢竹　蕭蕭海風吹
扁舟倚桂棹　吟玩歸遲遲

(韻字 : 五律 '微' 韻 - 里, 奇, 璃, 吹, 遲)

○ **취병담**　　임자순(林子順)

* '자순(子順)' 은 임제(林悌)의 자(字)

성남으로 나가 몇 리 밖에,
협곡이 있어 청아하고 기이하다.
바위는 백옥 같은 병풍으로 둘러있고
못은 파란 유리잔이라네.
언덕 위의 몇 무더기 대숲은
바닷바람이 불어와 살랑살랑 나부끼네.
조각배의 계수나무 노에 기대어,
시를 읊조리며 노닐다 돌아갈 길 더디네.

○ **龍頭巖**　　錦湖

幽窟龍蟠爲擧頭　應耽節制好風流
蒼波日落生新興　綠酒盃深蕩舊愁
穴老毛興雲萬古　灘鳴皇瀆月千秋
使君不是流連飮　爲惜風光却少留

(韻字 : 七律 '尤' 韻 - 頭, 流, 愁, 秋, 留)

○ **용두암**　　금호(錦湖) 임형수(林亨秀)

굴속 깊이 스몄던 용, 머리 내어 치켜들었으니
목사[節制使]인들 응당 호풍류(好風流)를 탐낼 수밖에.
해 지자 푸른 물결 새로운 흥 일으키니,
잔 가득 푸른 술 부어 묵은 수심 씻어내네.

허물어진 모흥혈(毛興穴)엔 구름 인지 아득하고,
파도치는 한두기[皇犢]엔 천년 세월 달빛이네.
사또님 술독에 빠져 헤어나지 못함 이 아니라,
멋진 풍광(風光) 아쉬워 잠시 머물다갈 뿐이라오.

○ **次** 自述

危巖千仞跨鰲頭 勢引盤龍飮海流
跌宕遊人聯發興 登臨遷客獨添愁
閬風西去無多地 明月東來幾度秋
一洗胸中九雲夢 酒杯詩筆重淹留

(韻字 : 七律 '尤' 韻 — 頭, 流, 愁, 秋, 留)

○ 운자를 따서 자술(自述)

천길 위태로운 바위, 자라 머리 걸터앉혀,
서린 용 끌어낸 기세, 바닷물을 들이켜네.
질탕(跌宕)하게 노는 이들 덩달아 흥에 겨운 듯
꼭대기 오른 외로운 나그네 홀로 수심만 쌓이네.
신선 사는 낭풍산(閬風山)은 서(西)로 가도 많지 않으리,
밝은 달 동에서 돋아온 지 그 몇 해이던고.
가슴 속 신선의 꿈[九雲夢] 한꺼번에 씻어내고파
술잔과 시(詩) 쓸 붓만 번갈아 잡아보네.

○ **同題** 子順

海畔巑岏石 龍頭謾設名
洪濤日夜擊 猶作風雷聲

(韻字 : 五律 '庚' 韻 — 名, 聲)

○ 같은 제목　　임자순(林子順)

바닷가에 우뚝 솟은 바윗돌,

용두(龍頭)라 이름 붙임이 아마도 허랑하다.

큰 파도 밤낮으로 내리치는데,

오히려 바람이 우레 소리를 일으킨다네.

---

* 金尙憲, 「南槎錄」『濟州史資料叢書(Ⅰ)』(影印本 ; 제주도편, 1998), 434~441쪽.
* 위에 인용한 원문(原文)의 우리말 풀이는 필자의 졸역(拙譯)임.

【추임새】

『남사록(南槎錄』은, 청음(淸陰) 김상헌(金尙憲 ; 1570~1652)이 선조 34년(1601) 6월에 제주에서 발생한 소덕유(蘇德裕)·길운절(吉云節)의 역모사건 때문에 제주에 안무어사로 파견되어 갔다가 남긴 일기체의 글 모음집이다. 특히 이 책은 효종 4년(1653)에 씌어진 이원진(李元鎭)의 『탐라지(耽羅志)』보다도 50여 년이 앞서면서 당시 제주도의 전체적인 사회상을 이해할 수 있는 중요한 사료로 평가되고 있다.

저자는 이 책에서 용연이 본래 취병담이었음을 임제의 『남명소승(南溟小乘)』을 들어 소개하면서 그의 두 편의 시 — 취병담(翠屛潭), 용두암(龍頭巖)을 인용하고 있고, 또한 임형수의 '용두암' 의 시를 소개하면서 아울러 이 시에서 차운하여 한 편의 시를 남기고 있다.

한편 이 책에서 『지지(地誌)』에서 인용해 소개하고 있는 용연 관련 기록 중 "용추는 '주읍의 서쪽 5리' 에 있고, 용두암은 '주읍의 서쪽 3리' 에 있다."고 한 점은 그 순서가 뒤바뀌어 잘못 기술된 것 같다. 그리고 용추의 말류(末流)에 위치하는 현재의 한두기포구의 지명을 '독대포' (獨大浦)라고 함도 본래 '대독포' (大獨浦)라고 해야 할 것을 착오로 그렇게 표현한 것이라 여겨진다. 앞서 소개한 임형수의 시에도 등장하는 '황독(皇犢, 皇瀆)' 이 곧 한두기 지명의 다른 한자 표기임을 감안하면 훗날의 기록 중 '대독포' (大瀆浦 ; 이증, 이익태, 이형상), '대옹포' (大瓮浦 ; 이원진, 이원조, 김석익), '황독포' (皇瀆浦 ; 김석익) 등으로 다양하게 표기되어 온 것을 짐작할 수 있다.

귤림서원에 배향된 오현(五賢)의 한 사람이기도 한 청음(淸陰) 김상헌(金尙憲)은 선조 29년에 문과에 급제하여 호당(湖當)에 놀았고, 벼슬이 대제학을 거쳐 예조판서에 이르러서 병자호란(丙子胡亂 ; 1636)을 당하게 되었다.

병자호란이 일어나매 인조(仁祖)를 따라 남한산성에 들었다가 청병(淸兵)의 공격을 막지 못하고 불과 5일에 항복하기로 조정의 의견이 모아졌으나 그는 끝내 최후까지 싸울 것을 주장해마지 않았다. 이후 청나라 사람의 손에 잡히어 중국의 심양(瀋陽)에까지 끌려가 3년간 갇혀있는 신세가 되고 말았다. 그때의 심회를 담아 읊은 다음의 시조는 매우 유명하다.

> 가노라 삼각산아 다시 보자 한강수야
> 고국산천을 떠나고자 하랴마는
> 시절이 하 수상하니 올동말동 하여라

다시 고국으로 돌아온 뒤 좌의정의 중임을 맡다가 83세를 일기로 효종 3년(1652)에 서거하였다.

5. 이원진(李元鎭)의 『탐라지(耽羅志)』(1655)

⊙ '山川' 條 ('산천' 조)

○ **龍頭**

在州西五里北麓臨海處陟頓如龍頭其上平穩可坐其前石勢奇怪斜瞰龍淵及浦口漁村頗佳

○ 용두(龍頭) : 주 서쪽 5리에 있다. 북쪽 기슭 바닷가에 용의 머리 모양이 돌출하여 있는데, 그 주위는 평평하여 앉을 수 있다. 그 앞의 돌이 기이한 모양인데 용연과 포구를 비스듬히 내려다보면 어촌이 자못 아름답다.

○ **大川**

在州西二里末流爲大瓮浦其下有龍湫深無底長百步餘旱則禱雨有應

○ 대천 : 주 서쪽 2리에 있다. 하류는 대옹포(大瓮浦)고 그 아래에 용추(龍湫)가 있어 바닥이 없어 깊고 길이가 100여 보다. 가물 때 기도하면 응함이 있다.

○ **大瓮浦**

在州西二里

○ 대옹포(大甕浦) : 주 서쪽 2리에 있다.

⊙ '橋梁' 條 ('교량' 조)

○ **大川橋**

在大川

○ 대천교(한내다리) : 대천에 있다.

---

* 李元鎭 著(金相助 譯)『耽羅志』(濟州大學校 耽羅文化研究所, 1991), 14~18쪽.

【추임새】

문헌기록상 용연(龍淵)이란 명칭이 처음 선보이는 게 바로 이원진(李元鎭)의 『탐라지(耽羅志)』라고 생각된다. 이 책의 '산천(山川)' 조에서 '용두(龍頭)'를 설명하면서 용두암에서 내려다 본 용연과 한두기[大瓮浦] 어촌마을 의 풍경이 자못 아름다움을 피력하고 있다.

또한 앞의 『동국여지승람(東國輿地勝覽)』에서 소개한 것처럼 '한내[大川]'와 '한내다리[大川橋]', 그리고 '용소[龍湫]'의 형태와 기우제(祈雨祭) 풍속 등을 간략히 설명하고 있다.

특히 한두기포구의 한자 명칭으로서 '대옹포(大瓮浦)'를 사용함도 특징적이다. 이는 앞서 소개된 '한두기포구'의 한자 지명표기인 임형수 시의 '황독(皇櫝, 皇瀆)'과 김상헌의 『남사록(南槎錄)』 기록 중의 '독대포(獨大浦)'에 이어 세 번째로 보이는 표기인 것이다.

이원진의 『탐라지』는 효종 4년(1653)에 간행된 것으로서, 현전하는 제주도 관계의 최초의 사찬(私撰) 읍지(邑誌)이다. 이 책의 마지막에 발문을 쓴 신찬(申纘)의 글에 의하면 『동국여지승람』과 충암(冲菴)의 『제주풍토록(濟州風土錄)』에서 그 전거(典據)를 삼았음을 밝히고 있기도 하다. 이 책은 이후에 편찬되는 제주관련 대다수 문헌들의 저본(底本)이 된다는 점에서, 그리고 17세기 중엽의 제주도 실정을 상세하게 기록했다는 점에서 그 가치가 높게 평가되고 있기도 하다.

6. 이증(李增)의 『남사일록(南槎日錄)』(1680)

○ 初八日己巳終日飛雪夜風雪大作宿濟州客舍 … (中略)
龍頭在州西五里小麓臨海如龍頭其上平穩其前石勢奇怪斜瞰龍淵可容舟浦口漁村亦佳

○ 12월 초8일, 기사(己巳), 종일 눈이 날리고, 밤에 눈보라가 크게 쳐 제주 객사에서 잤다. … (중략)
용두(龍頭)는 주(州)의 서쪽 5리 북쪽 기슭에 있는데 바닷가에 마치 용머리 같은데 그 위는 평온하나, 그 앞의 돌의 형세가 기괴하게 비스듬히 보인다. 용연은 배를 둘 만하다. 포구에 있는 어촌은 또한 아담하다.

○ 二十三日甲申晴而風午與旌義倅教授往觀龍頭巖判官率妓樂隨來乘小艇於龍淵遡流而上兩崖石壁頗奇盖源出拏岳到海邊沙石如築堤塞下流瀦爲澤者耽羅志所謂北麓臨海陟頓如龍頭金淸陰所謂海天無際者信不虛矣飮頗醉暮歸

○ 12월 23일, 갑신(甲申). 맑았으나 바람. 낮에 정의(旌義) 수령과 교수와 같이 용두암(龍頭巖)을 보러 갔다. 판관이 기생과 악공을 데리고 와서 용연(龍淵)에서 작은 배를 타고 거슬러 위로 올라갔다. 양 언덕의 석벽이 자못 기이했는데 아마도 수원이 한라산에서 나와 해변에 이른 것 같다. 자갈들이 제방을 쌓은 하류를 막았고, 물이 고여 못이 된 것을 『탐라지(耽羅志)』에서는 소위 '북쪽 기슭 바다에 임하여 용머리 같이 올렸다가 조아리고 있다' 고 하였고, 김청음(金淸陰)이 소위 '바다와 하늘이 끝이 없다' 라고 한 것이 믿기에 거짓은 아니다. 마시다가 자못 취하여 어두워서야 돌아왔다.

○ **復用鄭廣文南樓韻示同舟諸公**
笙鶴仚人去不還　漫留遺跡翠屛顔

紺紅爲訪羣龍宅　朱墨聯偸半日閑
挾岸旋旗明海色　滿船簫鼓動山關
浮萍且樂他鄕會　不用覊愁到酒間

(韻字 : 七律 '刪' 韻 – 還, 顔, 閑, 關, 間)

○ 다시 정광문(鄭廣文)의 남루(南樓)운을 써서 같이 배에 탔던 여러 공(公)에게 보임

학에게 피리를 불었던 신선은 가고 돌아오지 않아,
푸른 병풍처럼 우뚝 선 유적에 마음대로 머물며
감홍색 뭇 용(龍)이 사는 곳 찾아들어
글짓기 평하며 잠시 가만히 반날을 한가히 보냈네.
언덕 사이 정기(旋旗)들 바다 빛을 환하게
배 가득히 피리, 북소리 산관(山關)을 울려,
부평처럼 떠돌다 즐기는 타향의 모임
술 가운데 나그네의 수심 간 데 없거니…

○ **次林錦湖龍頭岩韻**　自述

奇岩何以號龍頭　入海昂然似飮流
跨頂疑嬰探頟怒　攀崖還起批鱗愁
平呑竹島鷗邊月　遠挹筝岑鶴背秋
長篴一聲寒日暮　不堪相與久遲留

(韻字 : 七律 '尤' 韻 – 頭, 流, 愁, 秋, 留)

○ 임금호(林錦湖)의 용두암(龍頭巖) 운에 따라[次林錦湖龍頭巖韻] – 자술(自述)

기이한 바위 왜 용두(龍頭)라 했을까?
바다에 들어가 우뚝하게 물을 마시는 모양
쪼그리고 앉아 머리 쳐들고 화가 난 듯 이마를 감싸
언덕에 오르려 다시 일으키며 수심스레 비늘을 터는 듯

수평선 죽도(竹島)를 에워싸고 갈매기 달 가장자리 나는데
멀리 한라 정상을 앞에 하고 학 등엔 가을 싣고
길게 지르는 외마디 소리 겨울날 저물어
모두 오래 늦도록 머물 수 없네.

○ **原韻** 林亨秀
幽窟龍蟠爲擧頭 應耽節制好風流
蒼波日落生新興 綠酒盃深蕩舊愁
穴老毛興雲萬古 灘鳴皇瀆月千秋
使君不是流連飮 爲惜風光却少留
(韻字 : 七律‘尤’韻 – 頭, 流, 愁, 秋, 留)

○ 원운(原韻) 임형수(林亨秀)
깊숙한 굴에 용이 서렸다가 머리를 드니
탐라 절제사 풍류 즐기지 않을 수야
창파에 해 떨어지니 새로 흥 일어
녹주(綠酒)를 잔 가득히 묵은 수심 털어
옛 모흥혈(毛興穴)에 뜬 구름 영원토록
휘황한 골짜기 여울물 소리 달빛은 천년을
사또는 이 풍류에 연달아 마시지 않을 수야
풍광(風光)이 애석하여 잠시 머물 수 없노라.

○ **次** 金尙憲
危岩千仞跨鰲頭 勢引盤龍飮海流
跌岩遊人聯發興 登臨遷客獨添愁
閭風西去無多地 明月東來幾度秋

一洗胸中九雲夢　　酒杯詩筆重淹留

(韻字 : 七律‘尤’韻 ─ 頭, 流, 愁, 秋, 留)

○ 운에 따라(次)　　김상헌(金尙憲)

위대한 높이 솟은 바위 자라가 머리를 웅크려

용이 서렸다가 바닷물을 들이키는 모습

도사린 바위 나그네는 마냥 흥이 일어

올라서니 멀리 온 나그네 수심만 더하네.

이곳이 낭풍(閬風)이라 서쪽으로 가도 그런 땅 없으니

밝은 달 동에서 돋아온 지 몇 해던가

가슴 속 구운몽(九雲夢)을 한번에 씻어내니

술잔 들고 시상에 젖어 거듭 멈춰 서 있네.

○ 二十六日丙戌晴食後行二十里過高內浦南邊烽燧 … (中略) … 到龍頭少憩使潛女十餘輩採鰒所採不多而所見矜慘矣過翠屛潭斗泉伐浪浦海倫廢寺夕入濟州客舍 … (中略) … 按地誌龍湫在西五里未流稱大瀆浦其下有龍湫深無底旱則禱雨有應云左右石壁揷水色湛湛深綠其中回抱窈窕漁人藏舡避風處小乘所稱翠屛潭者此也.

○ 12월 26일, 병술(丙戌). 맑음. 식후에 20리를 가면서 고내포(高內浦) 남쪽 봉수를 지났다 … (중략)

용머리에 도착하여 잠깐 쉬었다. 잠녀(潛女) 10여 명을 시켜 전복을 캐게 했더니 캔 것이 많지 않았고 보기에 불쌍하고 비참했다. 취병담(翠屛潭), 두천(斗泉), 벌랑포(伐浪浦), 폐허된 해륜사(海輪寺)를 지나 저녁에 제주객사에 들어왔다. … (중략)

지지(地誌)에 보면 용추(龍湫)는 주(州)의 서쪽 5리에 있다. 하류를 대독포(大瀆浦)라 부르는데 그 밑에 용추(龍湫)가 있어 깊어 끝이 없다. 가물 때 기도하면 감응이 있다고 한다. 좌우에 석벽이 물에 꽂혀 있고 물색이 맑디맑아 짙은 초록빛이며 그 가운데 돌아간 데는 조용하여 어부들이 배를 감추고 바람을 피하는 곳이다. 소승(小乘)에 취병담(翠屛潭)이라고 부른 것이 여기이다.

---

* 李增 著(金益洙 譯), 『南槎日錄』(濟州文化院, 2001), 54쪽, 72~73쪽, 172쪽 각각 참조.

【추임새】

취병담에서의 뱃놀이를 한마디로 요약하여 말하건대 '부평처럼 떠돌다 즐기는 타향의 모임[浮萍且樂他鄕會]'이라 했다. 이는 바로 『남사일록(南槎日錄)』의 저자 이증(李增 ; 1628~1686)의 시에 보이는 표현이다. 어사의 직책이건, 혹은 목사 등 지방관료로 임명되어 제주를 찾아왔던 사람들에게 공통적으로 느낄 수 있는 심사는 절해고도에서의 외로움이었을 것이다.

그는 또한 이 시의 첫머리를 '생학(笙鶴)을 탄 신선이 가고 돌아오지 않아[笙鶴仚人去不還]'라고 시작하고 있기도 하다. 결국 이 표현은 방선문(訪仙門), 선유담(仙遊潭) 등의 명칭에서 상징되는 것처럼 그 저변에 신선사상(神仙思想)이 배경이 되고 있음을 짐작케 한다. 물론 당대의 이런 풍조는 호연지기(浩然之氣)를 배양하고, 선풍도골(仙風道骨)을 수련하는 의식의 발로가 그 주류라 할 것이다. 그러나 한편 달리 생각해보면 불우한 처지에 놓인 자신들의 현실을 자위(自慰)키 위한 수단으로서, 혹은 이를 타파하기 위한 생의 활로의 탈출구로 삼고자 하는 시류의식(時流意識)이 작용하여 그렇게 표현되었을 법도 하다.

이증이 용연을 찾은 게 음력 12월 23일이라 했으니 계절적으로 한겨울이요 맑은 날이긴 해도 바람이 약간 부는 한낮으로 짐작된다. 시구 중 '주묵연투(朱墨聯偸 ; 붉은 먹으로 점을 찍으며 시어의 잘잘못을 가려냄)'라는 것이 있는 걸로 미루어 뱃놀이를 즐기며 선상에서 한시(漢詩) 시험채점이라도 벌였던 것일까?

이 책에서 밝힌 용연관련 기사는 (1) 기생들을 데리고 온 판관과 교수, 정의현감 등의 관료와 함께 용연에서 뱃놀이 즐김, (2) 두 종류의 차운(次韻)한 시를 남김, (3) 『지지(地誌)』에 실린 내용을 인용하며, 용소[龍湫], 한두기포구[大瀆浦], 취병담(翠屛潭)의 형세를 소개함 등으로 대별된다.

이 때 동행한 관료로는 교수 정유설(鄭維卨 ; 字 廣文), 정의현감 김성구(金聲九 ; 字 德休), 판관 강성좌(姜聖佐) 등인데, 시작(詩作)은 주로 교수와 정의현감 두 사람과 운자를 주고받으며 남긴 작품들이 많고, 어사를 안내하는 일은 주로 판관이 맡아 시행한 것으로 보인다. 이를테면 용연 뱃놀이에 판관이 기생과 악공을 함께 데리고 나왔다고 밝힌 점도 그 한 실례에 해당한다.

그가 차운(次韻)한 두 종류의 시 중 한 편은 교수 정유설의 남루운(南樓韻 ; 還, 顔, 閑, 關, 間)을 쓴 것인데 주로 취병담에서의 뱃놀이를 소재로 삼아 시상을 전개시키고 있고, 다른 하나는 임형수(林亨秀)의 용두암운(龍頭巖韻 ; 頭, 流, 愁, 秋, 留)을 쓴 것으로서 임형수의 원운시(原韻詩), 김상헌(金尙憲)의 차운시(次韻詩)와 본인의 자술시(自述詩) 등 세 편이 소개되고 있다.

한편 김상헌의 차운시 '용두암'을 소개하며 '跌岩(질암)'이라고 한 것은 본래 『남사록(南槎錄)』의 표기에 '跌宕(질탕)'이라고 된 것을 이증(李增)이 『남사일록(南槎日錄)』에 잘못 옮겨 소개하고 있다.

아울러 『지지(地誌)』에서 인용했다면서 용소[龍湫]가 주(州)의 서쪽 5리에 위치해 있다고 밝힌 점도 앞서 기록을 남긴 김상헌의 『남사록』의 경우와 마찬가지이다. 다만 한두기포구를 의미하는 한자지명의 표기로서 '대독포(大瀆浦)'를 쓰고 있음이 주목된다. 이는 황독포(皇瀆浦 ; 임형수), 독대포(獨大浦 ; 김상헌), 대옹포(大瓮浦 ; 이원진)에 이어 네 번째에 해당하는 표기명인 셈이다. 이 후의 기록인 이익태, 이형상 목사 등의 기록에는 한두기포구의 지명이 모두 '대독포(大瀆浦)'로 표기되어 나온다.

덧붙여 임제(林悌)의 『남명소승(南溟小乘)』에 소개된 취병담(翠屛潭)이 바로 용연을 두고 일컬음을 밝히고 있다. 이런 점으로 미뤄 이증이 제주를 찾았던 이 시기부터 '용연(龍淵)'이란 이름이, 이곳의 지명으로 통용되던 이전의 '용소[龍湫]'나 '취병담(翠屛潭)'보다 더 보편적으로 불려지기 시작한 게 아닌가 짐작된다.

『남사일록(南槎日錄)』은 숙종 5년(1679) 제주안핵겸순무어사(濟州按覈兼巡撫御使) 이증(李增)이 약 5개월여에 걸쳐 제주에 머물면서 자신이 보고 들은 바를 일기체 형식으로 엮어낸 책이다. 이 책의 내용은 17세기 당시 제주삼읍의 지리, 풍속, 방어시설, 육지와 제주의 해상로 등을 총망라하고 있어 귀중한 향토 사료로서 평가되고 있기도 하다. 책의 체계는 김상헌의 『남사록』을 답습하고 있으면서도 그 내용에 있어서는 더욱 구체적이고 상세하여 오히려 그 가치가 높게 평가될 정도이기도 하다.

하지만 안타깝게도, 저자인 이증은 제주어사의 재임 시 과시 부정사건이 뒤늦게 밝혀지면서 관직에서 물러나는 처지에 놓이게 된다. 이 때의 기사가 『조선왕조실록』 숙종조에 다음과 같이 실려 있다.

> "제주의 급제(及第) 오식(吳湜)과 김연(金碾)을 과방(科榜)에서 삭제하고, 변원(邊遠)에 충군(充軍)하라 명하였다. 기미년에 어사 이증(李增)을 보내어 제주의 선비를 시취(試取)하게 하였는데, 오식은 전 교수 정유설(鄭維卨)로 하여금 밖에서 대술(代述)하여 몰래 장옥(場屋)에 던져 넣게 하고, 김연은 문영후(文榮後)가 사술(私述)한 글을 취하여 추가해 써서 시권(試券 ; 답안지)을 거두는 가운데에다 몰래 바꿔놓게 하여, 모두 속임수로 등제(登第)하였던 것이다. 그 후에 일이 발각되자 두 사람이 취수(就囚)하여 자복(自服)하였으므로 과방에서 삭제하라 명하고, 여러 곳에 같이 모의하여 간사한 짓을 한 자들도 모두 죄주게 하였다."
>
> — 『조선왕조실록(朝鮮王朝實錄)』 숙종 9년(1684) 5월 7일(무신)

낙향하여 지내던 이증은 병마로 인해 59세의 일기로 세상을 하직한다.

참고로 영조 25년(1749) 제주로 유배와 위리안치(圍籬安置)되었던 이증(李增)은 동명이인(同名異人)이다.

※ 참고 : 『제주도포구연구(濟州島浦口硏究)』(2003)란 역저(力著)를 펴낸 고광민(高光敏) 선생의 연구에 의하면 『남사일록』에 언급된 제주도 포구의 수는 무려 84개소에 이르며, 이는 어사 이증이 숙종 6년(1680) 2월 16일부터 그달 26일까지 10일 동안 제주도를 일주하며 답사한 결과라고 한다. 고광민 선생은 실제로 이증의 답사행로를 따라 이들 포구를 문헌의 기록과 일일이 대조하며 추적, 그 위치를 정확하게 밝혀내기도 했다.

7. 이익태(李益泰)의 『지영록(知瀛錄)』(1696)

⊙ 「탐라십경도(耽羅十景圖)」 중 '취병담(翠屛潭)'

○ **翠屛潭**

州城西門外三里許有大川流入大瀆浦未及浦口有龍湫水色深黑無底兩岸翠壁蒼崖圍屛左右巖石奇怪或臥或立潭勢互曲長可數百餘步幽閴窈窕乘船上下如在畫圖中浦海之間隔一帶沙場潮水或通或塞潭西蚕頭平圓成臺其下狀如龍頭故曰龍頭巖下船登臺漁戶連詹於後釣艇接櫓於前水天一色烟霞徵茫海外遊賞最稱絶勝

○ 취병담(翠屛潭)

주성(州城)의 서문(西門)밖 3리에 대천(大川)이 있어 대독포(大瀆浦)로 흘러 들어간다. 포구 못 미쳐 용추(龍湫)가 있는데 물색이 깊고 검어 끝이 없다. 양 언덕은 비췻빛 절벽으로 푸른 낭떠러지인데, 둘레.좌우에 암석이 병풍을 이뤄 기괴(奇怪)하여 눕기도 하고 서 있기도 하다. 담세(潭勢)는 서로 구부러지며 수백 여 보(步)나 되고 깊숙하면서도 고요하고 요조(窈窕)하다. 배를 타고 오르내리면 마치 그림 속에 있는 듯하다. 포구와 바다 사이에는 한 개의 띠를 이룬 자갈톱[沙場]을 사이에 두고 조수(潮水)가 통하기도 하고 혹은 막히기도 한다. 담(潭)의 서쪽은 누에머리 모양으로 나와 평평하면서도 궁글게 대(臺)를 이루었는데 그 밑에 산의 뼈대로 이어진 층(層)이 바다로 들어가면서 거대한 바위가 머리를 들고 입을 벌리고서 어지러이 널려있는 돌들 가운데 우뚝 서 있다. 형상이 용머리(龍頭) 같으므로 용두암(龍頭巖)이라 한다. 배에서 내려 대(臺)에 오르면 어부의 집들이 처마를 잇대었고 뒤에는 고깃배들이 노를 잇대었으며, 앞바다에는 하늘이 온통 안개에 물든다. 희미하고 망망한 바다 밖으로 놀러가 구경을 하는 것은, 최고의 빼어난 경치라고 하겠다.

---

* 李益泰(金益洙 譯), 『知瀛錄』(濟州文化院, 1997), 71~72쪽.

【추임새】

현전하는 '영주십경(瀛洲十景)' 의 모태가 되는 '탐라십경(耽羅十景)' 을 처음 제정한 사람이 이익태(李益泰 ; 1633~1704) 목사이다. 그의 「탐라십경도(耽羅十景圖)」 '서(序)' 에서 밝힌 내용에 의하면,

"제주목사로 부임한 후 두 차례의 순력(巡歷)을 통해서 풍속을 물어보고, 틈을 내어 소위

볼 만한 곳으로 앞의 사람들이 거쳐 가지 못한 곳까지 두루 찾아보며 그 중에 뛰어난 열 가지 경치를 모아….”라고 했다.

그래서 선정된 '탐라십경' 은 다음과 같다. 즉, (1) 조천관(朝天館), (2) 별방소(別防所), (3) 성산(城山), (4) 서귀포(西歸浦), (5) 백록담(白鹿潭), (6) 영곡(瀛谷), (7) 천지연(天池淵), (8) 산방(山房), (9) 명월소(明月所), (10) 취병담(翠屛潭) 등이다.

10폭 병풍에 그려진 이들 경치의 그림은, 그 위에 다시 그것과 관련된 사적(事跡)을 서술하고 있다. 당시 그림을 그렸던 화공의 이름은 밝혀져 있지 않지만, "용면거사(龍眠居士 ; 송나라의 문인화가 李公麟의 號)와 같은 화가를 고용하여, 손으로 형태를 본떠 그려져 나왔다[倩龍眠手摹形畵出]"라고 밝히고 있음도 특기할 만하다.

위의 글은 '탐라십경' 중 하나인 '취병담' 의 그림에 부기된 사적(事跡)을 밝힌 것으로서 한내[大川], 한두기포구[大瀆浦], 용소[龍湫]를 한데 묶어 설명하면서 아울러 용두암까지 언급하고 있다. 특히 취병담의 형세에 대한 설명은 이전의 기록들보다 섬세하고 훨씬 구체적이다. 배를 타고 오르내리면 마치 그림 속에 있는 듯하다고 했다. 그리고 취병담 서쪽, 용두암이 위치한 곳의 형세를 설명하면서 마치 '누에머리[蠶頭]' 와 비슷하다고 했다. 이는 이곳의 형세 비유가 '자라머리[鰲頭]', '용머리[龍頭]' 등의 다양한 표현과 함께 흥미를 끌게 한다.

그러면서 말미에 언급하기를 '희미한 노을 안개 속에 바다 밖으로 나가 놀며 완상함은 최고의 절경이라 할 만하다[烟霞微茫海外遊賞最稱絶勝]' 라고 덧붙이고 있다. 결국 이는 취병담의 뱃놀이가 제주의 절경 중 가장 멋진 풍경임을 암시하며, 실제로 이익태 목사는 그림에서처럼 취병담에서 뱃놀이를 직접 즐겼을 것으로 짐작된다.

그림 속의 취병담의 모습은 매우 사실적으로 묘사되어 있다. 특히 한내[大川]의 흐름을 보면 우뚝 우뚝 솟은 바위들과 수풀들 사이로 수로가 나있고 물 흐름의 방향을 따라 완만한 곡선으로 이어나가고 있다. 좌측의 병문천(屛門川)과는 사뭇 다르게 처리했고, 또 '大川(대천)' 이란 표기도 두 군데에 보인다. 또한 한두기마을[大瀆浦村]을 비롯해 집들이 밀집한 곳에는 감나무로 보이는 수령이 오래된 나무들이 심어져 있고, 초가집들 사이로 간혹 기와집 형태도 한두 개 눈에 띈다.

취병담에서의 뱃놀이의 정경을 그려놓은 모습은 『탐라순력도(耽羅巡歷圖)』의 '병담범주(屛潭泛舟)' 의 그림과 거의 비슷하다. 우선 세 척의 배가 취병담에서 놀이를 벌이고 있고,

바다 밖으로 한 척의 돛단배가 동쪽을 향해 가면서도 시선은 용연 쪽으로 향해 있다. 다만 여기서 취병담에 떠있는 세 척의 배 중 목사 일행이 탄 배와 악공과 기생들을 태워 선상 연주를 벌이는 배가 따로 설정되어 있는 점이 약간 다르다. 이 그림에서 한두기마을 이름을 '대독포촌(大瀆浦村)' 으로, 취병담의 바닷가 쪽 끝부분을 '모래톱[沙場]' 이라고 표기한 부분이 『탐라순력도』에서는 '대천외리(大川外里)' 와 '대독포(大瀆浦)' 로 각기 표기해놓은 점이 약간 다르다.

용두암의 전경 묘사에 있어서도 두 개의 '용머리[龍頭]' 가 바다 좌우로 돌출되어 위용을 드러내는 모습 또한 유사하다. 다만 『탐라순력도』엔 용두암 바위 모양을 더 사실적으로 그려놓았고, 특히 용두암 아래의 바닷물 속에서 물질하는 해녀들의 작업모습도 자세하게 그려져 있다.

이익태 목사는 숙종 20년(1694), 62세의 나이에 제주목사로 부임하였다. 재임하는 동안 관덕정(觀德亭), 운주당(運籌堂), 우련당(友蓮堂), 향교(鄕校) 등을 중창하였으며, 우암(尤庵) 송시열(宋時烈)을 귤림서원에 배향하여 현재 오현(五賢)의 기초를 세우는 등 제주목을 크게 정비하였다. 아울러 『지영록(知瀛錄)』을 편찬하여 17세기 제주의 실상을 이해하는 데 많은 도움을 주었다.

한편 이익태 목사가 재임하던 시절, 제주여인과의 사이에 태어난 그의 아들이 한 명 있었는데, 이름이 이구제(李龜濟)이다. 『조선왕조실록』 영조 3년(1727)의 기록에 의하면, 그가 제주에서 실시한 과거시험에 합격했었지만 이중으로 호적에 올라와 있다는 사유가 뒤늦게 밝혀지면서 합격자명단에서 취소되는 일이 벌어졌고, 그런 사실로 말미암아 그가 이익태 목사의 아들이었음이 세상에 널리 알려지게 되었다.

※ 참고 : 국립제주박물관에서는 지난 2005년 3월 28일부터 5월 29일까지 「조선중기 역사의 진실 – 이익태 목사가 남긴 기록 –」이란 타이틀로 이익태 목사의 특별전을 개최하기도 했다. 이는 이익태 목사의 10세손인 이완희(李完熙) 선생이 기증한 유물들을 모아 전시한 것이다. 이 특별전의 도록(圖錄)에 「탐라십경도」 중 '취병담' 그림이 실려 소개되고 있는데, 현재 이 그림은 일본 교토 소재 고려미술관 소장으로 되어 있다.

8. 이형상(李衡祥)의 『탐라순력도(耽羅巡歷圖)』(1703)

○ **'병담범주'** (屛潭泛舟)

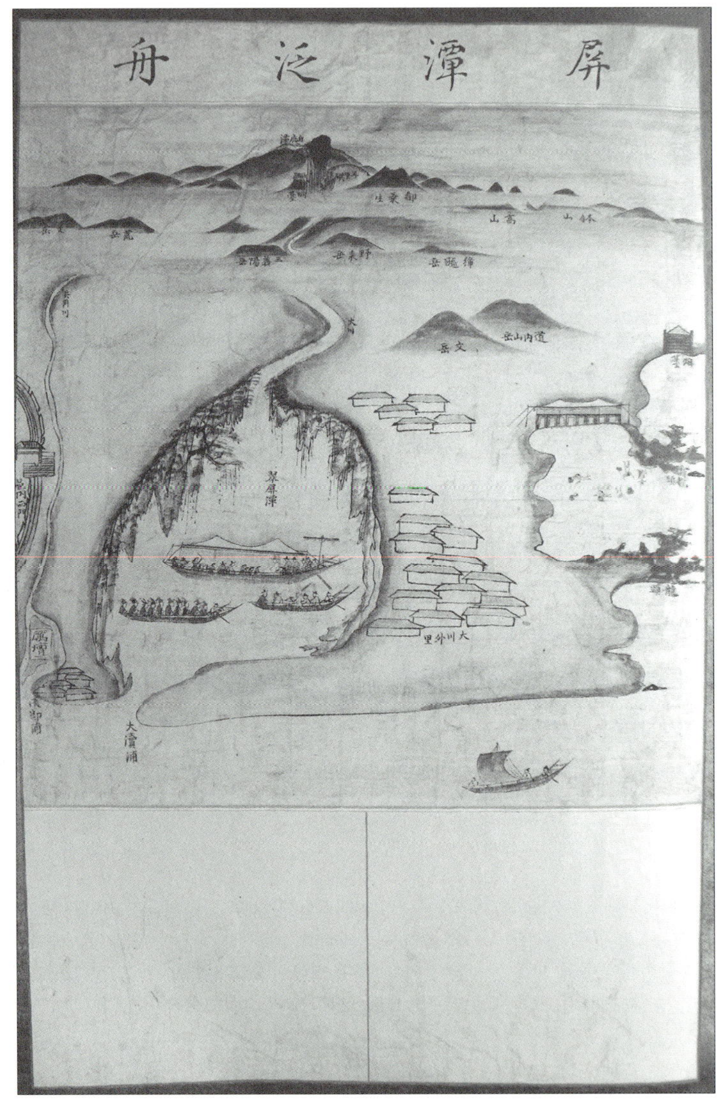

* 李衡祥, 『耽羅巡歷圖』(影印本)(제주시 소장본, 1994), 95쪽.

【추임새】

누가 '그림 속에 시가 있다[畵中有詩]' 라고 했던가. 『탐라순력도(耽羅巡歷圖)』의 '병담범주(屛潭泛舟)' 편의 그림을 보노라면 절로 이 말이 수긍이 간다. 아니 한술 더 떠서 '그림 속에 음악이 있다[畵中有樂]' 라고 표현할 법도 하다. 18세기 용연에서 벌어진 뱃놀이 정경을 담고 있는 이 그림은, 양반 사대부의 놀이문화와 해녀들의 물질작업을 통한 서민들의 노동현장을 동시에 보여주고 있는 아주 독특한 그림이다.

'병담범주' 는 흔히들 얘기하듯 달밤에 배를 띄우는 '용연야범(龍淵夜泛)' 의 정경을 그대로 묘사한 것은 아니다. 수양버들 늘어진 한낮의 용연에서, 세 척의 배를 띄워놓고, 계곡을 울리며 어울려 들려오는 소리는 바로 악공들의 대금소리와 북소리 그리고 기생들의 노랫소리들이다. 목사 바로 앞의 한 무리의 기생들은 아마도 가야금을 타며 노래라도 부르고 있는 듯 다소곳이 앉아 있고, 바로 뒤로는 가객으로 보이는 두 사람이 시선을 달리한 채 시조창이라도 읊조리듯 정좌해 앉아 있다. 붉은 관모에 하얀 도포자락을 걸친 채 위엄 있게 자리한 목사는 들려오는 음악 소리에 귀를 기울이며 동시에 용연의 풍경을 만끽하고 있는 듯 진지한 모습이다. 목사 일행이 탄 배 바로 옆으로는 주안상을 손에 들고 있는 것처럼 보이는 사람과 대기 중인 가객(歌客)이 탄 것 같기도 한 배가 한 척 있고, 또 다른 하나의 배에는 목사일행을 호위하는 임무를 띤 군관과 병졸들이 선승하여 있는 듯하다.

멀리 용연 밖의 바다로는 돛단배 한 척이 읍내 쪽을 향해 노를 저어가면서도 눈길은 연방 용연에서 벌어지는 진풍경에 쏠려 있다.

한편 용두암 쪽에선 하얀 소중이(속옷) 차림에 테왁을 띄워놓고 물질작업을 벌이고 있는 해녀들의 모습이 보인다. 테왁을 잡고 이동하는 해녀, 몸을 솟구쳐 물 속으로 잠수해 들어가는 해녀, 물 위에 테왁만 떠 있고 모습은 보이지 않지만 물 속에서 채취를 하는 해녀들의 역동적인 모습을 매우 다양하게 사실적으로 그려놓았다. 또한 거기에 분명히 '잠녀(潛女)' 라고 표기해 놓은 것으로 보아, 18세기 당시에도 해녀를 뜻하는 잠녀라는 말이 통용되고 있었음을 확인할 수 있다.

그 바닷가 양쪽으로 위치한 두 개의 용머리[龍頭]는 마치 바다에서 물질작업을 하는 해녀들을 보호해주는 수호신처럼 바다 쪽을 응시하며 용두암의 실체와 거의 비슷하게 그려져 있다.

멀리 올망졸망한 오름들 너머로 한라산 정상인 백록담에서 발원하여 용연으로 이어지는 한내[大川]의 흐름도 한눈에 들어온다. 한내의 끝은 '대독포(大瀆浦)' 로, 그리고 좌측의 병문천(屛門川)의 끝은 '벌랑포(伐郞浦)' 로 표기되어 있다.

한두기마을(현재의 서한두기)을 '대천외리(大川外里)' 로 표현함은 앞서 밝힌 이익태 목사의 '취병담' 의 그림 중 '대독포촌(大瀆浦村)' 이라고 한 것과 비교가 된다. 마을을 형성하는 집들의 구조는 모두 초가인데 그림 속에서 이들 지붕들이 모두 노란색으로 처리되었다. 「탐라십경도」의 '취병담' 에선 이들 마을의 집들을 표현함에 있어서 심지어 울타리에 심어진 감나무류의 나무들 모습과 일부 기와집까지 구분해 그려 넣으면서 매우 사실적인 수법을 쓰고 있는 데 비해 『탐라순력도』의 이 부분은 그저 단순하게 처리되어 있다.

결국 용연 뱃놀이를 상징적으로 보여주는 『탐라순력도』 '병담범주' 의 이 그림은, 앞서 소개한 이익태 목사 재임시 만들어진 「탐라십경도」 중 '취병담' 의 그림에서 많은 영향을 받은 것으로 보인다. 즉 뱃놀이의 정경에 세 척의 배를 띄워 상류 쪽에 목사일행의 배를 위치시켜 놓은 모습이나, 용연 밖 바닷가에 한 척의 돛단배를 띄워 뱃머리를 모두 동쪽을 향하게끔 설정해 놓은 점, 두 개의 용머리를 그려 거기에 각각 '용두(龍頭)' 라고 표기한 점 등으로 미루어보아 그렇게 짐작된다.

그리면서도 이 그림은 취병담에서의 목사일행들이 벌이는 뱃놀이의 모습과 용두암 바닷가에서 벌이는 제주해녀들의 물질작업의 정경을 동시에 잘 표현하고 있어서 18세기 제주의 실상을 가늠해 볼 수 있는 소중한 사료임에 의심의 여지가 없다.

총 41편의 화첩으로 꾸며진 『탐라순력도』의 그림들 중 하단에 부기된 내용이 전혀 담겨 있지 않은 것은 '병담범주(屛潭泛舟)' 와 맨 마지막의 '호연금서(浩然琴書)' 두 편의 그림이다. 그림의 상징성이 너무 강해서 별도의 부연할 말이 필요 없다고 이형상(李衡祥) 목사는 판단했던 것일까? 아니면 후대의 사람들로 하여금 나름대로 해석하여 느끼도록 그 판단을 일부러 유보해둔 것일까? 부기된 내용이 없는 그림일수록 그것의 해석에는 더욱 신중하고 정치(精緻)한 관찰력이 요구된다 할 것이다.

예컨대 영인본 발간을 맨 처음 시도한 한국정신문화연구원의 『탐라순력도』(1979) 해제(解題) 가운데 '호연금서' 에 대한 설명 부분을 한번 보자.

"… 卷尾의 「浩然琴書」는 著者 자신이 甫吉島를 떠나 牧使로 부임할 때 浩然한 마음으로 아득히 바라보던 漢拏의 壯觀과 濟州의 外港인 禾北 別刀浦에 入港하는 光景을 回想한 그림이다. 考證的이고 細密한 耽羅巡歷 中에도 浩然한 마음으로 거문고를 타고 讀書를 즐기는 風流의 一面을 보여주는 부분이다."

즉 이 그림은 '저자 자신이 보길도를 떠나 목사로 부임할 때, 화북 별도포에 입항하는 광경을 회상한 그림' 이라고 해석했다. 하지만 필자가 보기에 이 해석은 전혀 사실과 다른 것으로 판단된다. 즉 단적으로 말해 이 그림은 이형상 목사가 제주로 부임해 들어오는 광경이 아니고, 목사의 임무수행을 마치고 제주를 떠나는 그림이라고 해야 옳다고 보는 것이다.

그러면 그렇게 판단할 근거는 도대체 무엇인가? 간단하다. 우선 배들의 깃발과 휘어진 돛의 방향을 주목해 보면 금방 알 수 있다. 즉 그림 속의 배에 달린 깃발이 나부끼는 모습이나 휘어진 돛의 모습은 곧 바람의 방향을 가늠케 한다. 곧 바람의 힘을 배의 동력으로 활용하는 범선(帆船)의 경우 그것은 당시로는 절박한 현실이었다. 또한 18세기 우리나라 선박구조의 특성상 달팽이 뿔 같이 생긴 두 갈래의 뾰족한 부분이 배의 '고물[船尾]' 쪽에 해당하는 것을 이해한다면 이 문제는 간단히 해결될 것이었다. 그리고 이 그림은 책의 맨 끝부분에 화첩의 마지막 그림으로 설정되어 있는 점도 이러한 시사점을 던져준다 할 것이다.

이런 사실들로 미루어 볼 때 이 그림에 그려진 네 척의 배는 모두 화북의 별도포에서 나와 보길도를 향해 가는 그림이며, 그 포구에 나와 있는 수많은 인파의 사람들은 곧 이임하여 떠나는 목사를 전송하기 위해 나온 전송객들이라는 사실이다. 따라서 이 부분에 대한 해제는 다음과 같이 고쳐져야 정확한 서술이라고 할 것이다.

"책의 끝에 있는 '호연금서' 는 저자 자신이 제주에서 목사의 임무를 마치고 제주를 떠날 때 호연한 마음으로 아득히 바라보는 한라의 장관을 회상하면서 제주의 외항인 화북 별도포에서 출항하는 광경을 그린 그림이다…."

※ 참고 : 『탐라순력도』의 본격적인 영인본 발간은 지난 1979년 3월, 한국정신문화연구원에 의해 처음 이뤄졌으며, 1994년 9월에는 제주시에서 『탐라순력도』 영인본을 발간해내기도 했다. 그로부터 4년 뒤인 1998년 10월에는 경북 영천의 이형상 종가에서 소장 중인 『탐라순력도』 원본(보물 제652-6호)을 제주시가 사들여 소장하게 되었다.

한편 『제주일보』의 김오순(金吾順) 기자는 '탐라순력도 산책' 이란 제명 하에 1년 여간(1994~1995) 기획시리즈로 다뤄, 실제 그림 속의 상황과 현재의 위치를 담은 사진을 통해 비교 설명하는 형식으로 신문에 연재하기도 했다. 그 후 이들 자료를 한데 묶어 『탐라순력도 산책』(2002)이라는 책으로 발간했다.

9. 이형상(李衡祥)의 『남환박물(南宦博物)』(1703)

⊙ '誌勝' 條

環島皆石也矗矗詭詭岸蹲海植非山盡海海自穿山鯨波噴薄極目可駭且多有山藪澗壑幽淡奇壯何地不勝而最可愛者

⊙ '형승' 조

섬 주위가 온통 돌로 되어 있다. 우뚝우뚝, 삐죽삐죽 해안을 따라 즐비하게 바다가 심어 놓은 듯하다. 산이 아닌 바다가 온통 다 그렇다. 바다가 저절로 산을 파낼 듯이 큰 물결[鯨波]이 뿜어냈다 수그러드는 광경은 바로 목전에서 펼쳐지면서 사람들을 매우 놀라게도 한다. 더구나 곳곳에 산재한 산 수풀은 그윽하고 담담하며, 산골짜기는 기이하고 장대하다. 어느 곳인들 절경이 아닌 곳이 없으며 최고로 즐길 만한 곳들이다.

○ 翠屛潭

一名龍湫在州西城二里此爲屛門川下流兩崖削石壁立數十丈下有清潭長數百間廣一百尺水深亦數丈中多礱石杜冲柑榴羅生兩崖舟遊甚適

○ 취병담

일명 용추라고도 하는 이곳은 주성 서쪽 밖 2리에 위치해 있다. 이곳은 병문천(屛門川) 하류에 양쪽 벼랑이 깎아지른 듯한 석벽으로 둘러있고, 그 높이는 수십 장(丈)에 이른다. 아래쪽에는 맑은 못이 있어 길이가 수백 칸[間]이나 되고, 너비는 일백 척(尺)이며, 물 깊이 역시 수 장(丈)에 이른다. 가운데에 맷돌석[礱石]이 많이 있고, 두충(杜冲), 감류(柑榴)가 양쪽 벼랑에 둘러싸여 자란다. 뱃놀이를 즐기기에 최적의 장소이다.

○ 龍頭

在翠屛潭西崖臨海矗石狀如龍頭高可十丈頂平可坐左右又多怪巖俯瞰採鰒

○ 용머리

취병담(翠屛潭) 서쪽 벼랑에 바다와 붙어 있다. 높이 솟은 돌의 모양이 마치 용의 머리와 같다. 높이가 10장(丈)은 족히 되고, 꼭대기는 평평해서 앉아 있을 수가 있다. 좌우로 또한 괴상하게 생긴 암석들이 많고 내려다보면 (해녀들이) 전복을 캐고 있기도 하다.

---

* 李衡祥, 『南宦博物』(筆寫影印本)(성남 : 韓國精神文化硏究院, 1980), 79쪽.
* 위에 인용한 원문(原文)의 우리말 풀이는 필자의 졸역(拙譯)임.

【추임새】

섬 주위가 온통 돌로 뒤덮여 있는 제주도 바닷가, 곳곳에 산재한 산 수풀과 산골짜기, 어느 곳인들 절경이 아닌 곳이 없으며 최고로 즐길 만한 곳들이라고 하면서 제일 먼저 꼽은 곳은 다름 아닌 취병담(翠屛潭)이다. 이형상(李衡祥) 목사의 『남환박물(南宦博物)』 중 '형승[誌勝]' 조의 항목에 수록된 내용이다.

주성 서쪽 2리에 위치한 용소[龍湫], 깎아지른 듯한 수십 장(丈)의 석벽, 수백 칸이나 되는 맑은 못, 수 장(丈)에 이르는 물깊이를 소개하며, 아울러 맷돌석[礱石]이 많이 널려있음과 두충(杜冲)이나 감류(柑榴) 등의 식물분포까지 언급하고 있다. 다만 여기서 병문천(屛門川)이라고 언급한 부분은 한내[大川]라고 해야 할 것을 순간적으로 착각하여 잘못 기재한 듯하다. 그러면서 이곳이 뱃놀이에 최적의 장소라는 말로 취병담에 대한 설명을 마무리 하고 있다.

이어서 설명한 '용머리[龍頭]' 에서는, 용두암이 취병담과 인접해 있다는 지리적 여건, 용의 머리처럼 생긴 돌들의 높고 괴상한 형상, 바로 아래로는 전복을 캐는 해녀들의 모습을 볼 수 있음 등을 간략히 소개하고 있다.

『남환박물(南宦博物)』의 저자 이형상(李衡祥 ; 1653~1733)은 숙종 28년(1702) 6월, 그의 나이 50세 때 제주목사로 부임하였다. 그 해 11월 약 20일간의 제주도 순력을 하였고, 다음

해인 숙종 29년(1703)에 『탐라순력도(耽羅巡歷圖)』란 화첩을 제작하였다. 동행한 화공 김남길(金南吉)로 하여금 그림을 그리도록 했고, 그림 하단에는 자신이 직접 붓을 잡고 그림에 대한 설명의 글을 부기해 놓고 있다. 총 41점의 그림과 2장의 서문으로 되어 있는 『탐라순력도』는 18세기 당시 제주도의 방어, 군민, 풍속 등을 그림을 통해 보다 알기 쉽게 조명하고 있어서 화첩으로만 제작된 우리나라 최초의 지방 읍지(邑誌)인 셈이다.

『남환박물』은, 『탐라순력도』가 41폭의 그림을 통해 제주를 설명한 데 비해, '1만 3천 8백 50여 언' 에 달하는 글로써 제주도와 주변 도서, 바다 등에 관해 상세하게 설명해놓은 일종의 자매편 지방지(地方誌)라 할 것이다.

이 책의 편집 체계는 독창적인 항목선정을 기준으로 삼아 전개시켜 나가고 있으며, 글의 내용 또한 단순한 소개나 사실의 나열에 그치지 않고 자신의 독특한 관찰력으로 분석해내고 있기도 하다.

예컨대 이 책의 섬의 항목에 맨 처음 소개된 '우도(牛島)' 의 경우를 한번 살펴보자.

"묘(卯)시 방향으로 우도가 있는데 마치 소가 누워 있는 형세로서 정의현 근방의 별방진성과 수산진성 사이에 위치한다. 수풀이 없고 나무란 오직 닥나무[楮]만이 있다. 금번 정축년(丁丑年 ; 1697)에 목장을 신설하였다.(※ 역자주 ; 숙종 22년인 1696년에 柳漢明 목사가 처음으로 우도에 말 목장을 설치한 사실을 거론한 것으로 보임) 섬의 둘레는 오십 리이고, 바닷길은 십 리인데, 파도가 심하여 건너기에 험난하다. 동남쪽의 어룡굴(魚龍窟 ; 현재의 주간명월)은 천연으로 된 돌집이다. 모습은 흡사 뚫어놓은 굴 속 같다. 굴 안의 길이가 8,9백 척이나 되고, 너비가 2백 척, 폭은 돛단배 8척 쯤 들어가 있을 정도이고, 높이 또한 돛대 정도 담아놓을 수 있을 길이이다. 해가 비쳐 물빛이 반짝거리고 물 색깔이 푸르면서 차가움은 마치 파란 유리와 같다. 바다의 기운이 사람을 감쌈이 마치 따듯한 구들방에 들어선 듯하고, 그 바닥은 가늠하기 힘들 정도로 깊다. 『동국여지승람(東國輿地勝覽)』과 임제의 『남명소승(南溟小乘)』, 충암(冲菴) 김정(金淨)의 『제주풍토록(濟州風土錄)』, 청음(淸陰) 김상헌(金尙憲)의 『남사록(南槎錄)』에 모두 이르기를 속칭 신룡소처(神龍所處 ; 신령스런 용이 거처하고 있는 곳)인 그곳에 가까이 가기만 하면 왕왕 큰 바람이 일고 뇌우(雷雨)가 친다고 하던 곳이다. … (중략)

오늘은 하늘이 맑고 바람 한점 없으니 전해오던 이야기들이 모두 빈말이었다." (* 필자 졸역)

이렇듯 작자인 이형상은 문헌에 전해 내려오는 속설들을 자신이 직접 답사를 통해 확인하면서 그 내용이 부당함을 지적하고, 아울러 이를 시정하고 있기도 하다. 또한 이 부분의 글을 통해서, 본 저술에 인용된 문헌자료를 아울러 확인할 수 있다. 즉 『동국여지승람』, 임제의 『남명소승』, 김정의 『제주풍토록』, 김상헌의 『남사록』 등이 『남환박물』에 인용된 기본적인 문헌임을 알 수 있다.

『조선왕조실록』 숙종조에는 이형상 목사가 세 건의 장계를 품신한 기록과 조정에서 그의 관직을 삭탈해야 한다고 주장하는 탄핵안 기록이 실려 있다. 즉 제주의 특산물인 오미자(五味子)를 진상품에 포함시키도록 허가를 요청하는 건, 명산대천의 소사(小祀)기록에 한라산을 등재해줄 것을 요청하는 건, 제주바다에서의 타 지역 포작인들의 어로채취를 금지시켜줄 것을 요청하는 건 등이 장계의 주요 내용이다.

한편 목사의 파직을 초래한 탄핵안의 배경은 대강 이렇다. 이형상 목사가 제주에 부임하였을 때, 마침 장희빈 사건으로 옥사에 연루된 전 판서 오시복(吳始復)이란 사람이 소론의 입장에서 노론을 탄핵하다 제주로 유배와 대정현에 위리안치 되어 있었다. 아무리 유배인의 처지라 하지만 지인인 입장에서 이형상은 오시복을 주영(州營)에 함께 있게 해달라고 상주(上奏)했던 것이다. 결국 그는 이 일로 말미암아 대사간 이건중(李健中)의 탄핵안에 밀려 목사직을 파직당하고 제주를 떠나게 된다. 이 때가 바로 숙종 29년(1703) 6월로서 목사로 부임한 지 만 1년이 되는 때이다.

10. 김춘택(金春澤)의 『북헌거사집』(北軒居士集) (1710)

○ **小晴**

海天苦雨也新霽　　客子多憂聊細斟
宴坐看山皆好句　　出門臨水摠歸心
黑雲漏日犬爭吠　　碧樹含風蟬自吟
正憶冠童携六七　　翠屛潭上一披襟

(韻字 : 七律 '侵' 韻 - 斟, 心, 吟, 今)

○ 조금 맑음

바닷가 하늘 장맛비 갓 개어,
나그네 수심도 많아 술잔을 기울이네.
편히 앉아 산을 바라보니 모든 좋은 시구 감
문을 나서 물가에 가니 돌아가고픈 마음뿐,
검은 구름 사이 비치는 햇빛, 개들 다투어 짖고
푸른 숲 살랑이는 바람에 매미소리,
마침 생각나 아이들 6,7명 데리고
취병담(翠屛潭)가에서 모두 옷깃을 여네.

○ **濟州雜詩 謾用子美秦州雜詩韻 中 其十一**

海外最窮處　　壺中別有天
前賢多歷覽　　舊俗競流傳
奇石兼幽窟　　高林帶冽泉
誰如翠屛勝　　傍眺碧無邊

(韻字 : 五律 '先' 韻 - 天, 傳, 泉, 邊)

○ 제주잡시, 두보(杜甫)의 진주잡시(秦州雜詩)를 용운(用韻)한 중 11수

바다 밖 가장 끝 간 곳
병 속처럼 별천지이네.
옛 현인(賢人)들 많이 거쳐 갔고
옛 풍속 다투어 흘러 전해오네.
기이한 바위와 깊숙한 굴
높은 곳 수풀 싸늘한 샘을 끼어
취병담(翠屛潭)의 경치 누가 말했나,
그 곁 푸른 바다 바라보면 끝이 없어라.

○ **偶遊翠屛潭 次子瞻遊祖塔院韻**

鷗沒春波菱茨香　翠屛雲錦對淸凉
不愁歸路馬蹄澁　要看斜陽帆影長
人以佳辰爲舊識　天敎勝地在遐方
悠然一暢仍千感　自是艱難已備嘗

(韻字 : 七律 '陽' 韻 - 香, 凉, 長, 方, 嘗)

○ 우연히 취병담에 구경가서 자첨(子瞻-蘇東坡)의 「유조탑원」(遊祖塔院)의 운(韻)에 차운하여

갈매기는 봄 물결에 자맥질하고 마름풀 향기 짙은데
취병담 위 비단구름 보니 시원하네.
수심 풀고 돌아가는 길 말이 멈추니
석양에 돛대 그림자 길어졌네.
사람들은 좋은 날 옛 벗 사귀니
하늘은 먼 변방에 좋은 경치 있게 했구나.
시름이 한꺼번에 밀려와 천만 가지 생각
이제부터 온갖 고생을 다 겪게 되리.

* 金春澤 著(金益洙 譯) 『北軒集』(全國文化院聯合會濟州道支會, 2005), 33쪽, 130~131쪽, 173쪽.

【추임새】

북헌(北軒) 김춘택(金春澤 ; 1670~1717)의 제주 유배 중의 시문을 모아, 이를 국역 출판한 『북헌집(北軒集)』이 김익수(金益洙) 선생의 번역으로 얼마 전 출간되었다. 위에 인용한 시들은 그 책에 실린 극히 일부의 것으로 특히 취병담(翠屛潭)을 소재로 한 시문만을 뽑아 전재(轉載)한 것이다.

기록에 의하면 김춘택이 제주에 체류한 기간은 두 차례에 걸쳐 약 12년이나 된다. 한번은 숙종 15년(1689) 그의 나이 20세 때, 부친 김진구(金鎭龜 ; 1651~1704)가 제주로 유배 오면서 함께 따라와 모시게 되면서 5년간 체류하였고, 다음엔 숙종 32년(1706) 본인이 유배되어 오면서 약 6년여 기간 동안의 적거생활을 제주에서 하게 된 것이다. 처음 제주 땅을 밟은 지 18년 만에 다시 또 제주로 오게 된 것인데, 결국 그가 남긴 이 책은 17세기 후반에서 18세기 초반까지(1689~1711)의 무려 23년간의 제주의 상황을 가늠해 볼 수 있는 소중한 기록인 셈이다.

그의 전 생애 중 한창 젊은 나이인 20대 초반과 30대 후반의 삶을 제주에서 보낸 그는, 혈기왕성한 젊음과 정열을 시 문장을 통해 고스란히 이 책 속에 쏟아 부었다고 해도 과언이 아닐 것이다.

그의 학문적 성취도와 문장력은 자타가 공인하듯이 매우 높았음을 짐작할 수 있다. 부친에게는 숙부(叔父)이자 자신의 스승이기도 한 서포(西浦) 김만중(金萬重)의 한글 소설 『사씨남정기(謝氏南征記)』를 한문으로 번역해냄이라든지, 송강(松江) 정철(鄭徹)의 한글시조 「장진주사(將進酒辭)」를 역시 한문으로 번역하여 그의 후손에게 건네줌 등의 사실이 이를 뒷받침한다.

위 시들 중 첫 번째의 '소청(小淸)'은 그가 처음 제주에 왔을 때의 작품으로서 『북헌거사집(北軒居士集)』 제1권 '초년록(初年錄)'에 실려 있다. 이 시에서 그는 '문을 나서 물가에 가니 돌아가고픈 마음뿐[出門臨水摠歸心]'이라고 했다. 아마도 적거(謫居) 중인 부친의 심경과 타인들의 눈을 의식한 행동의 소산으로 보인다. 그래서 그런지 이 시에 나타난 취병담의 모습은 그저 아이들의 멱 감는 장소 정도로 묘사되고 있을 뿐이다.

나머지 두 수는 공통적으로 그가 유배인의 처지에서 쓴 시들이다. 『북헌거사집』 제2권 '수해록(囚海錄)'에 실려 있다.

앞의 오언율시의 경우 두보(杜甫)의 진주잡시(秦州雜詩) 20수를 본떠서 제목도 '제주잡시' 라 하였고, 각 수마다 두보 시에서 차운(次韻)하여 시를 지은 것인데 그 중 제11수가 취병담을 노래하고 있다. 취병담의 형세가 마치 '병 속의 별천지[壺中別有天]' 라고 표현함은 이 마을의 포구명이 '큰 항아리 모양의 포구' 란 의미로 '대독포(大瀆浦)' 로 불려왔음을 연상케 한다. 이 시에서 표현된 취병담의 모습은 '기이한 바위와 깊숙한 굴[奇石兼幽窟]', '싸늘한 샘을 끼고 있는 높은 나무들의 수풀[高林帶洌泉]' 로 대표된다. 당시 용연 좌우로 잡목들이 많이 우거져 있음과 용연 바닥 여러 군데에서 차가운 용천수가 흘러나옴을 지적하여 표현한 것으로 보인다.

뒤의 칠언율시는 제목에서 보이듯이 우연히 취병담에 들렀다가, 소동파(蘇東坡)의 '유조탑원(遊祖塔院)' 에서 차운하여 남긴 시이다. 적객(謫客)인 처지에서 그 흔한 취병담의 뱃놀이는 감히 시도할 엄두가 나지 않을 일일 터이다. 다만 옛 벗들을 불러 모아 그곳에서 즐겁게 노니는 사람들의 모습을 쳐다보면서 '먼 변방에 하늘이 내린 승지(勝地)' 라고 취병담을 표현하고 있다. 그러면서 시 전체의 흐름은 '석양에 길게 늘어진 돛대', '한꺼번에 밀려오는 천만 가지 생각' 등 수심의 나날을 보내야 하는 자신의 심경을 담담히 표현하고 있다.

한편 그의 이 책에는 「잠녀설(潛女說)」이 수록되어 있는데, 특히 전복을 따내는 이의 고충을 들어 적어놓은 기록이다. 관(官)에다 우수한 전복을 납품하기 위해, 전복을 캐지 못한 날에는 심지어 다른 사람이 캐낸 좋은 전복을 사와야 하는 처지의 이중고에 시달려야 하는 제주해녀에 관한 이야기이다. 작자는 이 글의 말미에 이렇게 적고 있다.

"태산(泰山)의 호랑이와 영주(永州)의 뱀처럼 행여 혹독한 정치와 가혹한 세금이 없다하더라도 지금 너는 전복도 따야 하고, 전복을 사와야 하는 괴로움을 겸하고 있으니, 참으로 가련할 뿐이로구나."

17, 8세기 제주해녀의 실상이다.

11. 김 정(金 㝎)의 『노봉문집(蘆峰文集)』(1737)

○ **七月旣望寄旌義舊使君朴奎煥候風所**

旣望舟遊進一宵　爲君回棹在明朝

君今不至緣何事　悄悵歸來月半霄

(韻字 : 七律 '蕭' 韻 – 宵, 朝, 霄)

○ 7월 16일 정의 구 현감 박규환의 후풍소에 부침

기망 뱃놀이 하룻밤 하다가

내일 아침 떠난다 하기 그대 위해 배를 돌렸네.

그대 위해 아무 사연도 없이

섭섭히 돌아가려는가, 달은 반쯤 구름에 가렸는데….

* 金 㝎 著(金益洙 譯), 『蘆峰文集』(卷 1)(제주문화원, 2001), 272쪽.

【추임새】

음력 7월 16일에 행해진 밤 뱃놀이를 소개하는 이 시는, 문헌기록으로서는 '칠월기망(七月旣望)' 이 처음 등장하는 것이다. 지금까지 소개된 기록들은 주로 한낮에 용연에서 벌어진 뱃놀이의 모습이었고, 그것도 어느 특정한 날을 정해서 했다기보다는 임의로 행해진 정경이었다.

그런데 이 시의 정황으로 미루어 볼 때, 음력 7월 16일 밤, 배를 띄워 기망놀이를 즐긴 장소로는 제주읍성에서 가까운 용연으로 보이고, 이 시에 언급된 후풍소(候風所)는 화북(禾北)포구로 추정된다. 그리고 당시 기망놀이에 이임하는 정의현감은 동석하지 않고, 다만 후풍소에 대기해 있었던 것으로 보인다. 이 시 3행의 '今君不至緣何事(금군부지연하사)' 에서 아쉬움을 토로하는 표현으로 미루어 그렇게 짐작된다. 그래서 목사인 작자가 그를 위해 한 편의 시를 지어 송별의 아쉬움을 달래주었던 것으로 짐작된다. 그래서 시의 제목도 '아무개

후풍소에 부침' 이란 표현을 썼던 것으로 보인다.

기망(旣望)은 보름이 막 지난 날, 즉 음력 16일을 지칭하는 말이다. 특히 소동파(蘇東坡)의 '적벽부(赤壁賦)' 에 칠월 기망에 배를 띄워 놀았다는 기록이 있음을 상기하여 해마다 음력 7월 16일이면 용연에서 뱃놀이를 즐겨왔던 것으로 보인다.

그러면 용연에서 기망놀이가 시작되었던 것은 언제부터였을까? 이에 대한 확실한 고증이 없어 단정하기란 쉽지 않다. 다만 선조 10년(1577) 임제가 용연을 찾아 배를 띄우고 난 뒤 그 감회를 '취병담' 이란 시로 남겼던 기록이 있고, 또한 그 당시에도 용연암벽에 '취병담' 3자의 마애명이 이미 새겨져 있었음을 상기해 보면 대략 16세기를 전후한 조선 중기 이전이 아닌가 하고 추정해 본다.

한편 음력 7월 16일은 태조(太祖) 이성계(李成桂)가 조선왕조를 처음 세워 개국한 날(1392년 7월16일)이기도 하다. 황현(黃玹 ; 1855~1910)의 『매천야록(梅泉野錄)』에는 갑오년(甲午年, 1894)에 음력 7월 16일을 개국기원절(開國紀元節)로 지정하여 명절로 삼았다는 기록도 보인다.

음력 7월 16일은 이래저래 그래서 즐거운 날이었던가 보다.

김정(金 儆 ; 1670~1737)은 영조 11년(1735) 그의 나이 66세 때 제주목사로 부임하여 삼천서당(三泉書堂)을 세웠고, 화북포구의 방파제 공사에 직접 참여하여 일을 도모하다가 과로로 서거하였다. 사후 그의 생전의 작품들과 후대의 그와 관련된 기록들을 모아 『노봉문집(蘆峰文集)』으로 집대성하여 편찬되었는데, 이 시는 그 책 속에 수록된 여러 시문 중 하나이다.

12. 한억증(韓億增)의 『증보탐라지(增補耽羅誌)』(1746)

⊙ '山川' 條 ('산천' 조)

○ **龍頭**

在州西五里北麓臨海處頓陟如龍頭其上平穩可坐其前石勢奇怪斜瞰龍淵及浦口漁村頗佳

○ 용머리 : 주(州)의 서쪽 5리에 있다. 북쪽기슭은 바다에 접해 있는데, 머리를 조아리며 치켜든 모습이 용의 머리와 같다. 위쪽은 평평하고 안온하여 앉아 있을 수가 있고, 바로 앞 쪽에서 보면 암석의 기세가 기이하고 괴상하게 생겼다. 옆으로 비켜서 바라보면 용연과 포구가 있는 어촌의 모습이 매우 아름답게 다가온다.

○ (補) **牧使 林亨秀 詩**

幽窟龍蟠爲擧頭　　應耽節制好風流
蒼波日落生新興　　綠酒盃深蕩舊愁
穴老毛興雲萬古　　灘鳴皇瀆月千秋
使君不是流連飮　　爲惜風光却少留

(韻字 : 七律 '尤' 韻 – 頭, 流, 愁, 秋, 留)

○ (보충) 임형수(林亨秀) 시

굴속 깊이 스몄던 용, 머리 내어 치켜들었으니,
목사[節制使]인들 응당 호풍류(好風流)를 탐낼 수밖에.
해 지자 푸른 물결 새로운 흥 일으키니,
잔 가득 푸른 술 부어 묵은 수심 씻어내네.
허물어진 모흥혈(毛興穴)엔 구름 인지 아득하고,

파도치는 한두기[皇瀆]엔 천년 세월 달빛이네.
사또님 술독에 빠져 헤어나지 못함 이 아니라,
멋진 풍광(風光) 아쉬워 잠시 머물다갈 뿐이라오.

○ **金尙憲 詩**

危巖千仞跨鰲頭　　勢引盤龍飮海流
跌宕遊人聯發興　　登臨遷客獨添愁
閬風西去無多地　　明月東來幾度秋
一洗胸中九雲夢　　酒杯詩筆重掩留

(韻字 : 七律 '尤' 韻 — 頭, 流, 愁, 秋, 留)

○ 김상헌(金尙憲) 시

천길 위태로운 바위, 자라 머리 걸터앉혀,
서린 용 끌어낸 기세, 바닷물을 들이켜네.
질탕(跌宕)하게 노는 이들 덩달아 흥에 겨운 듯
꼭대기 오른 외로운 나그네 홀로 수심만 쌓이네.
신선 사는 낭풍산(閬風山)은 서(西)로 가도 많지 않으리,
밝은 달 동에서 돋아온 지 그 몇 해이던고.
가슴 속 신선의 꿈[九雲夢] 한꺼번에 씻어내고파
술잔과 시(詩) 쓸 붓만 번갈아 잡아보네.

○ **林悌 詩**

海畔巑岏石　　龍頭謾設名
洪濤日夜擊　　猶作風雷聲

(韻字 : 五律 '庚' 韻 — 名, 聲)

○ 임제(林悌) 시

바닷가에 우뚝 솟은 바윗돌,
용두(龍頭)라 이름 붙임이 아마도 허랑하다.
큰 파도 밤낮으로 내리치는데,
오히려 바람이 우레 소리를 일으킨다네.

○ **大川**

在州西二里末流爲大瓮浦其下有龍湫深無底長百步餘旱則祈雨有應

○ 한내(大川) : 주(州)의 서쪽 2리에 있는데, 내의 끝이 한두기포구[大瓮浦]가 된다. 그 아래로 용소[龍湫]가 있는데 깊이가 바닥이 안 보일 정도이고 길이는 백여 보 정도이다. 가뭄에 비를 기원하면 응함이 있다.

○ **大瓮浦**

在州西二里

○ 대옹포(大瓮浦-한두기포구) : 주(州)의 서쪽 2리에 있다.

○ (增) **翠屛潭**

在龍頭近東大川下流龍湫之左右兩岸崎峻乘舟入淵鼓角作聲則山鳴谷應魚龍若驚地圖序有大川流入大獨浦未及浦口作一澄潭水色深黑無底蒼崖圍屛巖石奇廣可三十餘尺長可數百餘步挾岸花樹四時呈態乘舟上下俯仰風景潭西蚕頭圓平成弇其下爲龍頭地誌左右石壁屛揷水色湛湛深綠其中廻抱窈窕漁人藏船避風處

○ (증) 취병담 : 용머리[龍頭]에서 가까운 동쪽에 있다. 한내[大川]의 하류에 용소[龍湫]가

있는데 좌우 양안이 모두 험하고 가파르다. 배를 타고 못 안으로 들어가 북소리와 피리소리를 내면 곧 산이 울리고 골짜기가 메아리치는데 모든 물고기들이 놀라는 듯하다.

『지도(地圖)』 '서(序)' : 큰 내가 있어 대독포(大獨浦－한두기포구)로 흐르는데 포구에 채 못 미쳐서 한 개의 청징한 못을 이룬다. 물 색깔은 짙은 흑색이며 바닥이 안 보인다. 푸른 빛 절벽이 암석으로 둘러쳐 있어 기이하고 괴상하다. 너비는 30여 척이나 되고 길이는 수백여 보나 된다. 언덕을 끼고서 꽃과 나무들이 사시사철 그 자태를 드러내는데, 배를 타고서 위아래의 풍경을 올려다보거나 혹은 내려다본다. 못의 서쪽에 누에머리[蠶頭]처럼 둥글고 평평한 곳이 그 아래를 모두 덮으면서 용머리[龍頭]가 된다.

『지지(地誌)』 : 좌우 석벽이 병풍처럼 끼어 있어 물색이 담담하고 짙은 녹색을 띤다. 그 가운데는 돌아가며 껴안는 듯이 아름다운데, 어부들은 바람을 피해 배를 숨겨놓는다.

○ **林悌 詩**

城南只數里　有峽淸而奇
石爲白玉屛　潭作靑琉璃
岸上幾叢竹　蕭蕭海風吹
扁舟倚桂棹　吟玩歸遲遲

(韻字 : 五律 '微' 韻 － 里, 奇, 璃, 吹, 遲)

○ 임제(林悌) 시

성남으로 나가 몇 리 밖에,
협곡이 있어 청아하고 기이하다.
바위는 백옥 같은 병풍으로 둘러있고
못은 파란 유리잔이라네.
언덕 위의 몇 무더기 대숲은
바닷바람이 불어와 살랑살랑 나부끼네.
조각배의 계수나무 노에 기대어,
시를 읊조리며 노닐다 돌아갈 길 더디네.

⊙ '橋梁' 條 ('교량' 조)

○ **大川橋**

在大川

○ 대천교(한내다리) : 대천에 있다.

---

* 韓億增, 『增補耽羅誌』(影印本 ; 日本 天理大學校 所藏本), 11~30쪽.
* 위에 인용한 원문(原文)의 우리말 풀이는 필자의 졸역(拙譯)임.

【추임새】

"취병담(翠屛潭)에서 배를 타고 노를 저어 계곡 안으로 들어가 북소리와 피리소리를 내면 산이 울리고 골짜기가 메아리 친다." 언뜻 『천자문(千字文)』의 '공곡전성(空谷傳聲)', 즉 "빈 골짜기에는 메아리가 울려 소리가 전해진다."는 말이 떠올려 진다.

예로부터 '용연야범(龍淵夜泛)'의 행사가 이 계곡에서 열릴 수 있었던 좋은 여건 중 하나가 바로 계곡 양안에 저절로 형성되는 자연의 되울림이 있기 때문이라고 생각한다. 실제로 필자는 지난 '99년 제1회 용연선상음악회가 열리기 전 미리 이곳의 음향 상태를 실험하여 그 소감을 홍보용 음악회 팸플릿의 '기획의 변(辯)'에서 다음과 같이 소개한 적이 있다.

> … 제주의 자연환경을 활용, 새로운 문화공간의 창출 및 체험관광의 가능성을 연구·모색해 온 동굴소리연구회가 용연계곡을 몇 차례 답사한 바 있다. 이곳은 마치 천장이 뚫린 동굴 형태의 계곡이어서 그 자체의 특이한 반향과 울림이 있다는 점이 흥미로웠다. 우선 계곡의 형태가 바다 쪽에서 볼 때, 완만한 'ㄱ'자 형이어서 바깥 소음이 차단될 뿐만 아니라, 바닷물과 민물이 만나는 이 지점은 마치 호수처럼 잔잔한 수평을 유지한다. … (중략)
>
> "골짜기 신은 죽지 않는다.(谷神不死)"라고 한 노자(老子)의 말을 떠올려 본다. 빈 골짜기를 때리는 소리울림이 있기에 살아있음은 더욱 확연해질 것이다. 오늘의 음악회를 통해 용연의 잊혀진 명성을 되돌려놓을 수 있다면 이 또한 큰 수확이 아닐 수 없다.

이 책에 소개되고 있는 용연관련 기록들은 모두 '산천(山川)' 조에 소개되고 있는 내용이 주류를 이룬다. 한내[大川], 한두기포구[大瓮浦], 취병담(翠屛潭), 그리고 용두암(龍頭巖)을 비교적 상세하게 설명하고 있다. 아울러 용두암을 소재로 한 임형수(林亨秀), 김상헌(金尙憲)의 칠언율시(七言律詩)와 임제(林悌)의 오언절구(五言絶句), 그리고 취병담을 소재로 한 임제의 오언율시(五言律詩)를 소개하고 있다.

한편 '취병담'을 소개하면서 『지도(地圖)』의 '서(序)'와 『지지(地誌)』의 내용을 인용하고 있음도 주목할 만하다. '대옹포(大瓮浦)'라고 한 한두기포구의 한자표기가 『지지』에서는 '대독포(大獨浦)'로 나타나고 있음도 흥미롭다. 지금까지 이의 표기에 있어서는 '황독포(皇瀆浦－임형수)', '독대포(獨大浦－김상헌)', '대옹포(大瓮浦－이원진)', '대독포(大瀆浦－이증, 이익태, 이형상)' 등이 전개되어 왔었다. 결국 이의 기록 등을 참조해 볼 때, 한두기포구를 의미하는 표기로서 김상헌의 『남사록(南槎錄)』의 '독대포(獨大浦)'는 '대독포(大獨浦)'의 오기(誤記)였음이 확인된다.

한편 위의 기록을 소개하는 한억증(韓億增 ; 1698～?)의 『증보탐라지(增補耽羅誌)』는 이원진(李元鎭)의 『탐라지(耽羅志)』의 내용에 더하고[增] 보태어서[補] 펴낸 사찬(私撰) 읍지(邑誌)로 추정된다. 그 내용의 범위는 편찬자인 한억증이 어사(御史)로 제주에 부임했다가 곧바로 목사로 제수되어 활동한 영조 23년(1746)까지로서 이원진의 『탐라지』(1653)가 편찬된 이후 94년 만에 이뤄진 기록이요, 이는 또한 이원조(李源祚)의 『탐라지초본(耽羅誌草本)』(1843)보다는 96년 앞선 기록이다. 이것들은 결국 제주의 17, 18, 19세기의 사회상을 가늠케 하는 소중한 향토 사료들로서 거의 1세기(100년)를 단위로 해 엮어져 나왔다는 사실이 경이롭다.

건(乾), 곤(坤) 2권으로 된 이 책은 모두 9장으로 이뤄져 있는데, 그 체제가 이원진의 『탐라지』와 거의 동일하다. 『증보탐라지』 건(乾)권은 제1장에서 제3장까지로서 제주목(濟州牧)의 내용을 담고 있다. '건치연혁(建置沿革)' 조(條)에서 '제영(題詠)' 조에 이르기까지 이원진 『탐라지』의 내용을 그대로 옮기면서 약간의 보충을 가했다. 다만 '궁실(宮室)' 조를 '관우(館宇)' 조라고 명칭만 바꿔 소개하고 있다. 제4장에서 제9장으로 이뤄진 『증보탐라지』 곤(坤)권은 제4장－정의현(旌義縣), 제5장－대정현(大靜縣)과 제6장－구진(九鎭), 제7장－고금사적(古今事蹟), 제8장－열조특전어사순막(列朝特典御史詢瘼), 제9장－표선접송(漂船接送)・이국문정(異國問情)으로 이뤄져 있다.

이 가운데 이 책의 제1장에서 제5장까지, 즉 제주목, 정의현, 대정현의 내용은 대개가 이원진의 『탐라지』의 내용을 주요 골격으로 하여 약간의 내용을 보충(補充)하고 있다. 한편 이 책 제6장에서 제9장에 걸쳐 소개된 것들은 편찬자가 새로 설정하여 추가한[增] 기록들로서, 특히 탐라의 역사를 개관하고 있는 제7장과, 역대 제주에 파견된 어사(御史)의 실태를 소개하는 제8장에서 취급된 그 범위와 내용은 방대하면서도 치밀하다. 한편 이들 두 장의 결미(結尾) 부분에서 편찬자 자신의 활동내역을 상세히 소개하고 있음도 주목할 만하다.

한억증(韓億增)은 영조 22년(1746) 1월, 당시 제주에 발생한 기근(饑饉)의 감진어사(監賑御史)로 파견되어 왔다가, 당시 재임목사 유징구(柳徵龜)의 파직으로 같은 해 3월 제주목사로 임명되어 재임하게 된다. 어사와 목사로 재임시 제주에 보리종자 2천 섬을 들여와 구휼을 하였으며, 연무정(演武亭)을 동문 밖으로 이설하였고, 정의(旌義)사람 홍달한(洪達漢)을 조정에 효자로 보고하자 가자(加資)의 명이 내려지기도 했다. 홍달한에 대해서는 이 책 제4장—정의현의 '효자(孝子)' 조에서 상세히 소개되고 있기도 하다. 다음 해 11월 이임해서 떠난 뒤 동부승지가 되었는데, 이 때 임금은 그를 입시토록 하여 제주의 민속과 토산에 관해 하문했는데, 그 기록이 『조선왕조실록(朝鮮王朝實錄)』 영조 24년(1748) 1월 10일 (을미)조에 자세히 소개되고 있다. 이 가운데 전복을 캐는 폐단에 대해 하문하고 전교하는 대목은 퍽 감동적으로 다가온다.

"옛 사람이 말하기를, '소반의 밥이 낱알 하나하나가 모두 신고(辛苦)의 결집인 줄 누가 알랴?' 하였는데, 소반의 전복도 또한 그러하다." 하였다.

한편 『조선왕조실록』 영조 24년(1748) 8월과 10월조의 기록에는 제주의 전 목사 한억증(韓億增)에 대한 치죄(治罪) 상소가 올라왔는데, 제주의 오성(吳姓)을 가진 삼부자(三父子)가 나란히 운명한 사건이 수령이 외람되이 혹독한 형장을 가하여 장폐(杖斃)되었다면 마땅히 법에 의해 처리되어야 한다는 내용이다. 그런데 이러한 내용이 『증보탐라지』 이 책에는 전혀 언급되고 있지 않다. 아마도 편찬자가 바로 한억증(韓億增)이었기 때문에 그랬을 것으로 추정되며, 만일 그가 아닌 다른 이였다면 응당 이 내용이 포함되었을 법하다.

※ 참고 : 한억증(韓億增)의 『증보탐라지(增補耽羅誌)』는 아직 한국학계에 공식적으로 소개되지는 않았다. 필자는 얼마 전 제주대학교박물관의 고광민(高光敏) 선생으로부터 이 책을 소개받았고, 현재 이 책이 일본 천리대학교(天理大學校) 소장본이라는 사실을 알게 되었다. 이 책의 편자가 한억증일 것이라는 것은 순전히 필자의 추정이며, 차후 이에 대한 상세한 내용 검토가 사학계의 전문가들에 의해 이뤄지리라 기대한다. 소중한 자료를 소개해 준 고광민 선생에 대한 감사함을 특별히 이 면을 통해 밝혀두는 바이다.

13. 정언유(鄭彦儒)의 「탐라별곡(耽羅別曲)」(1749)

○ **정언유(鄭彦儒)의 「탐라별곡(耽羅別曲)」**

… (전략)

차라리 막대잡고, 勝地나 遊賞하러
翠屛潭 題名하고, 登靈區 찾아가서
流觴曲水 놀이하며 追雉사냥 시작하네
妓女의 歌管소리, 仙樂과 和答하매
天風에 놀난 笙鶴, 半空에 나리오니
世緣을 다 떨치고 胸海를 더 넓히매
赤松子 安期生을 서이 서로 만나리니

… (후략)

---

* 鄭彦儒, 「耽羅別曲」『南遊錄 · 達告辭 · 耽羅別曲 · 訓民篇』(濟州文化院, 1999), 51~69쪽.

【어석(語釋)】

* 승지(勝地) : 경치 좋은 이름난 곳, 명승지, 경승지
* 유상(遊賞) : 놀며 구경함, 유람하며 완상함
* 취병담(翠屛潭) : 비췻빛 병풍으로 둘러싸인 못, 용연의 다른 이름
* 제명(題名) : 바위나 돌에 자신의 이름이나, 혹은 풍광에 어울리는 이름을 지어 새김
* 등영구(登靈區) : '들렁귀' 의 한자어 표기, 일반적으로 '登瀛丘' 로 표기함, 영구춘화(瀛邱春花)의 장소로 널리 알려져 있음
* 유상곡수(流觴曲水) : 굽어 꺾여 흐르는 물에 술잔을 띄워 그 잔이 자기 앞에 오기 전에 시(詩)를 짓는 일, 진(晉)나라의 왕희지(王羲之)가 난정(蘭亭)에서 처음 시작함
* 추치(追雉) : 꿩 좇기, 꿩 사냥
* 기녀(妓女) : 기생
* 가관(歌管) : 노래와 반주
* 선악(仙樂) : 신선의 풍악
* 생학(笙鶴) : 학의 등에 올라 생(笙)을 부는 신선의 비유, 또는 그런 학

＊ 반공(半空) : '반공중(半空中)' 의 준말로서 그다지 높지 않은 공중

＊ 세연(世緣) : 세상의 인연　　　　　　　＊ 흉해(胸海) : 마음속의 바다

＊ 적송자(赤松子) : 고대의 신선의 이름

＊ 안기생(安期生) : 고대 중국의 전설 중 장수한 신선

【추임새】

정언유(鄭彦儒 ; 1687~1764)의 「탐라별곡(耽羅別曲)」은 총 1백 20구로 이뤄진 가사체(歌辭體) 작품으로서, 그가 영조 25년(1749) 제주목사로 부임해온 뒤 순력 등을 통해 보고 들은 탐라의 풍물과 민정, 풍속 등에 대한 감회를 서술하고 있다. 위에 소개한 내용은 이 가운데 경승(景勝)을 서술한 부분이다.

취병담(翠屛潭)과 방선문(訪仙門)을 동시에 묶어 설명함은 이곳들이 한내[大川]상에 하나로 연결되어 있으면서 각기 빼어난 절경을 자랑하기 때문일 것이다. '翠屛潭(취병담)에서 題名(제명)하고' 의 부분을 볼 때, 현재 용연암벽에 그의 제명이 남아있을 법한데, 아무리 찾아봐도 그의 이름이 보이질 않는다. 아마도 그가 용연을 찾았을 때 자신보다 앞서 부임했던 여러 목사들—이괴(李襘), 이익한(李翊漢), 원상(元相), 홍중징(洪重徵), 안경운(安慶運) 등이 남긴 마애명을 보고 그렇게 표현한 것일 수도 있다.

한편 "登靈區(등영구) 찾아가서, 流觴曲水(유상곡수) 놀이하며, 追雉(추치)사냥 시작하네." 란 표현에서 방선문에서 벌였던 놀이가 어떤 형태의 것이었는지 가늠케 해준다. 방선문 우측으로는 편편한 돌바닥이 전개되고, 바로 옆의 자연석으로 된 좁은 수로는 그 사이로 맑은 시냇물이 흐르고 있어 마치 경주의 포석정(鮑石亭) 터를 연상케 한다. 여기에서 흐르는 물에 술잔을 띄우고 시를 읊조리는 놀이가 바로 '유상곡수' 인 것이다. 방선문을 약간 올라서면 광활한 평지가 전개되는데, 현재의 오라골프장이 들어선 지대이다. 꿩 사냥은 바로 여기에서 전개된 것으로 보인다.

그리고 기생들의 노랫소리와 악기의 반주음악은 바로 신선이 연주하는 풍악으로 화답한다고 함이나, 생학(笙鶴) · 적송자(赤松子) · 안기생(安期生) 등을 언급하고 있는 점으로 미루어 신선(神仙)사상이 그 배경을 이루고 있음을 짐작할 수 있다.

14. 조정철(趙貞喆)의 『정헌영해처감록(靜軒瀛海處坎錄)』(1812)

○ **七月旣望**

七月旣望步庭除忽憶坡江赤壁之遊不勝離鄕之懷輒月下縱筆

絶域驚時序　孤懷轉覺愁
豳詩流火節　蘇賦泛舟秋
浩渺海千里　蒼茫月一樓
坡江赤壁夜　笙鶴記前遊

(韻字 : 七律 '尤' 韻 — 愁, 秋, 樓, 遊)

○ 칠월 16일[旣望]에 문 안쪽 마당[庭除]을 거닐다가 강비탈 적벽(赤壁)에서 노니는 소동파(蘇東坡)의 밤뱃놀이 생각이 홀연히 떠올랐다. 떠나온 고향 생각 억누를 길 없어 문득 달 아래에서 붓을 들어 본다.

절해고도에서 시절의 바뀜에 짐짓 놀라,
외로운 생각이 문득 그리움에 젖게 하네.
칠월절[流火節]을 노래한 시경(詩經)의 빈풍(豳風)처럼
소식(蘇軾)의 적벽부(赤壁賦)도 초가을에 배 띄웠네.
아득히 먼 바다 천리 길,
창망(蒼茫)한 달 아래 하나의 누각
강비탈 따라 노니는 적벽의 밤놀이엔
놀이에 앞서 생학(笙鶴)의 모습을 먼저 그려놓았네.

---

* 趙貞喆, 『靜軒瀛海處坎錄』(영인본 ; 서울 중앙도서관 소장본), 54~55쪽.
* 위에 인용한 원문(原文)의 우리말 풀이는 필자의 졸역(拙譯)임.

【추임새】

정헌(靜軒) 조정철(趙貞喆 ; 1751~1831)은 순조 11년(1811) 6월에 제주목사로 부임했다. 이미 그의 나이 27세 때인 정조 1년(1777), 유배지로 처음 제주 땅을 밟은 지 35년 만에 이번에는 제주목사의 신분으로 다시 찾아오게 된 것이다. 부임하자마자 제일 먼저 한 일은 자기를 위해 죽은 홍의랑(洪義娘 — 본명 洪允愛)의 묘소를 찾아가 묘비를 세우고, 거기에 자신의 심경을 담은 칠언율시의 시를 새겨놓아 그녀의 원혼(寃魂)을 달래는 일이었다.

그가 제주에서 유배생활을 하던 동안의 기록을 시문(詩文)에 담아 편찬한 책이 바로 『정헌영해처감록(靜軒瀛海處坎錄)』이다. 책명의 뜻을 굳이 풀어본다면 아마도 '큰 바다[瀛海]의 한 조그만 섬, 물웅덩이[坎]에 갇힌 채[處] 외로운 생을 영위해 온 나[靜軒]의 기록[錄]'이란 정도의 의미에서 붙여진 것으로 보인다. 여기에서 '處坎(처감)'의 '坎(감)'을 '물웅덩이'라고 봄은 『주역(周易)』에 근거한 것이다. 즉 『주역』의 팔괘(八卦) 중 여섯 번째로 등장하는 괘가 곧 '육감수(六坎水)'이다.

위에 인용한 이 시는 그가 적거(謫居) 중에 마침 음력 7월 16일이 되자 문득 소동파의 적벽부가 떠올라 시상을 펼친 것이다. 물론 이 시가 용연의 뱃놀이와는 직접적으로 관련성이 없다 하더라도, 한 유배 시인의 적소에서 맞는 칠월 기망에 대한 생각을 유추하게 해준다는 점에서 몇 가지 시사점을 던져준다.

이 시에서 작자는 두 개의 고사를 인용하고 있다. 하나는 『시경(詩經)』「빈풍(豳風)」의 '유화절(流火節)'과 다른 하나는 소동파(蘇東坡)의 「적벽부(赤壁賦)」의 칠월 기망(旣望)이다. 이 두 작품의 공통점은 둘 다 모두 7월을 소재로 해 불려진 노래들이란 점이다. 이 시의 표현 중 '豳詩流火節(빈시유화절)'이라 함은 곧 『시경』에 소개되고 있는 「빈풍(豳風)」의 시를 의미하는 것으로서 하력(夏曆)을 쓰는 고대 빈(豳) 나라 농부들의 일종의 농가월령가와 같은 노래이다. 이 노래의 시작이 '七月流火 九月授衣(칠월이라 화성은 기울고, 구월이면 겨울옷 장만하기)'라 하기에 그렇게 표현한 것으로 보인다.

한편 '蘇賦泛舟秋(소부범주추)'라 함은 곧 '소동파의 적벽부에서도 가을에 배를 띄웠네'라는 의미로, 여기서 가을[秋]이라 함은 음력 7월 16일에 해당한 절기를 표현한 것임을 알 수 있다.

이 시 종결부분의 '笙鶴記前遊(생학기전유)'라 함은 작자가 소동파의 '후적벽부(後赤壁賦)'의 내용을 상기해 그렇게 표현한 것으로 짐작된다. 주거와 행동반경이 지극히 제약되어 있는 유배인의 처지에서 마음만이 홀로 시(時)의 고금(古今)과 공(空)의 중한(中韓), 사(事)의 공사(公私)를 자유롭게 넘나들며 시상을 전개시켜 나가는 시인의 태도를 엿볼 수 있다. 그게 어쩌면 자신이 처한 운명임을 스스로 깨달아 결국 책명에서도 '處坎(처감)' 이란 표현을 달았던 게 아닌가 하고 생각해본다.

※ 참고 : 제주시에서는 지난 2002년 12월과 2003년 12월, 두 차례에 걸쳐 창작오페라 '백록담' 을 무대에 올렸는데, 그 소재가 바로 조정철 목사와 홍윤애의 사랑을 각색한 것이다. 차범석 대본, 김정길 작곡으로 이뤄진 이 위촉 작품은 제주를 소재로 한 첫 창작오페라라는 점에서 많은 이들의 주목을 끌었다. 그런데 이 작품에 까닭 없이 한라산 백록담과 설문대할망의 고사가 끼어들면서 본래 작품 속에 나타난 주인공들의 극적 스토리 전개가 예상과는 다르게 희석되었다는 일부 불만과 비판이 제기되기도 했었다. 그러나 2차 공연 시에는 극중 대사를 모두 제주말로 바꿔 제주적인 색채를 더 강하게 부각시키려고 시도하는 등 발전적인 변화를 모색하기도 했다.

15. 이원조(李源祚)의 『탐라지초본(耽羅誌草本)』(1843)

⊙ '山川' 條 ('산천' 조)

○ **大川**

在西二里末流爲大瓮浦其下有龍湫深無底長百餘步旱則禱雨有應

○ 대천 : 서쪽 2리에 있다. 내의 끝을 대옹포(大瓮浦)라 한다. 그 아래로 용추(龍湫)가 있다. 그 깊이는 바닥이 안 보일 정도로 깊고, 길이는 백여 보 정도 된다. 가뭄에 비를 기원하면 응함이 있다.

⊙ '島嶼' 條 ('도서' 조)

○ **大瓮浦**

在州西二里

○ 한두기포[大瓮浦] : 주 서쪽 2리에 있다.

⊙ '形勝' 條 ('형승' 조)

○ **龍淵**

在西城外三里左右石壁深不可測俗傳神龍潛處旱則禱雨有應故名或稱翠屏潭

○ 용연 : 서쪽 성밖 3리에 있다. 좌우로 석벽이 헤아릴 길 없이 깊다. 전해오는 풍속에 이곳은 신령스런 용이 잠겨 있는 곳이라서 가뭄에 기도를 하면 응함이 있다고 한다. 다른 이름으로

취병담이라 일컫는다.

○ **林悌 詩**

城南只數里　有峽淸而奇
石爲白玉屛　潭作靑琉璃
岸上幾叢竹　蕭蕭海風吹　·
扁舟倚短棹　吟玩歸遲遲

(韻字 : 五律 '微' 韻 - 里, 奇, 璃, 吹, 遲)

○ 임제 시

성남으로 나가 몇 리 밖에
협곡이 있어 청아하고 기이하다.
바위는 백옥 같은 병풍으로 둘러있는데
못은 파란 유리잔이라네.
언덕 위의 몇 무더기 대숲은
바닷바람이 불어와 살랑살랑 나부끼는데,
조각배 계수나무 노에 기대어
시를 읊조리며 노닐다 돌아갈 길 더디네.

○ **李源祚 詩**

聞說龍淵勝　肩輿出白門
山腰納海水　地底臥雲根
望遠頻檯眼　窺深更着跟
漁舟繫斷港　何處是桃源

(韻字 : 五律 '元' 韻 - 門, 根, 跟, 源)

○ 이원조 시

용연이 절경이란 말 전해 듣고
가마타고 서문[白門] 밖 나섰네.
산 허리춤까지 바닷물 출렁이고
땅 밑 낮게 구름 드리웠네.
대의 눈[檯眼] 들락거리며 멀리 조망하고
다시 발뒤꿈치 들면서까지 깊이 헤아려보네.
인적 드문 포구에 고깃배 묶여 있어
이 아니 어느 곳 무릉도원이란 말인가.

○ **龍頭巖**

在龍淵西數帿許海上崖斷處有大石入水中斗起如龍頭登其上可以遠眄

○ 용두암 : 용연 서쪽 몇 개의 포장과녁[帿] 정도의 거리에 있다. 바다 위로 벼랑이 잘린 곳에 큰 암석이 있는데 물에 잠긴 것 중 튀어나온 것이 마치 용머리와 같다. 그곳에 오르면 멀리까지 조망해 볼 수 있다.

○ **林亨秀 詩**

幽窟龍蟠爲擧頭　應耽節制好風流
蒼波日落生新興　綠酒盃深蕩舊愁
穴老毛興雲萬古　灘鳴皇瀆月千秋
使君不是流連飮　爲惜風光却少留

(韻字 : 七律 '尤' 韻 — 頭, 流, 愁, 秋, 留)

○ 임형수 시

굴속 깊이 스몄던 용, 머리 내어 치켜들었으니

목사[節制使]인들 응당 호풍류(好風流)를 탐낼 수밖에.
해 지자 푸른 물결 새로운 흥 일으키니,
잔 가득 푸른 술 부어 묵은 수심 씻어내네.
허물어진 모흥혈(毛興穴)엔 구름 인지 아득하고,
파도치는 한두기[皇犢]엔 천년 세월 달빛이네.
사또님 술독에 빠져 헤어나지 못함 이 아니라,
멋진 풍광(風光) 아쉬워 잠시 머물다갈 뿐이라오.

○ **林悌 詩**

海畔巑岏石　龍頭謾設名
洪濤日夜擊　猶作風雷聲

(韻字 : 五律 '庚' 韻 ― 名, 聲)

○ 임제 시

바닷가에 우뚝 솟은 바윗돌,
용두(龍頭)라 이름붙임이 아마도 허랑하다.
큰 파도 밤낮으로 내리치는데,
오히려 바람이 우레 소리를 일으킨다네.

○ **金淸陰 詩**

危巖千仞跨鰲頭　勢引蟠龍飮海流
跌宕遊人聯發興　登臨遷客獨添愁
閬風西去無多地　明月東來度幾秋
一洗胸中九雲夢　杯酒詩筆重淹留

(韻字 : 七律 '尤' 韻 ― 頭, 流, 愁, 秋, 留)

○ 청음 김상헌 시

천길 위태로운 바위, 자라 머리 걸터앉혀,
서린 용 끌어낸 기세, 바닷물을 들이켜네.
질탕(跌宕)하게 노는 이들 덩달아 흥에 겨운 듯
꼭대기 오른 외로운 나그네 홀로 수심만 쌓이네.
신선 사는 낭풍산(閬風山)은 서(西)로 가도 맞지 않으리,
밝은 달 동에서 돋아온 지 그 몇 해이던고.
가슴 속 신선의 꿈[九雲夢] 한꺼번에 씻어내고파
술잔과 시(詩) 쓸 붓만 번갈아 잡아보네.

---

* 李源祚, 『耽羅之草本』(影印本 ; 濟州大學校出版部, 1989), 34~36쪽, 149쪽.
* 위에 인용한 원문(原文)의 우리말 풀이는 필자의 졸역(拙譯)임.

【추임새】

『탐라지초본(耽羅誌草本)』에 소개되고 있는 용연 관련 기록은 이미 앞서 소개한 이원진의 『탐라지(耽羅志)』나 한억증(韓億增)의 『증보탐라지(增補耽羅誌)』와 비교할 때 그리 큰 특색이 별반 없다. 다만 용연을 소개하며 자신의 시를 끼워 넣어 소개함과, 한두기마을의 표기를 이원진, 한억증의 경우와 마찬가지로 '대옹포(大瓮浦)' 로 표기함이 눈길을 끌게 한다.

그리고 형승(形勝)조의 용연을 소개하는 임제의 시 '취병담' 중 短棹(단도)는 원래 桂棹(계도)인데 이렇게 씌었고, 용두암을 소개하면서 인용한 김상헌의 시에도 두 군데에 한자의 쓰임이 앞뒤가 뒤바뀐 채 옮겨져 있다. 즉 幾度秋(기도추)라고 해야 할 것을 度幾秋(도기추)로, 酒杯(주배)를 杯酒(배주)로 잘못 옮겨 소개하고 있는 것이다.

한편 이 책의 변정(邊情)조에는 제주사람들의 표류기록이 얼마간 실려 있는데 그 중 김복수(金福壽)가 안남(安南)에 표착한 기록이 눈길을 끈다. 현재 전해오는 제주민요 '오돌또기' 와 관련된 '김복수의 전설' 은 바로 이 기록과 관련성이 깊다. 즉 김복수가 표착한 안남에서 유구(琉球) 출신의 여인 임춘향(林春香)과 만나 동거하며 3남3녀의 가족을 둔 일 하며,

그의 남동생 임춘영(林春榮)을 만나 일본으로 가던 중 한라산을 보자 물을 길러 잠시 그곳에 갔다 오겠노라고 해서 제주 땅을 밟은 뒤 돌아가지 않아서 홀로 안남에 남은 여인이 높은 고지에 올라가 곡소리를 내며 눈물을 흘렸다는 내용이다. 이는 오돌또기의 김복수 전설의 내용과 일치한다. 다만 전설에서는 임춘향의 곡소리 대신 김복수의 오돌또기 노래로 대체되어 있을 뿐이다.

이원조(李源祚) 목사는 제주목사로 재임하는 동안 4종의 제주관련 저술을 편찬하였다. 즉 『탐라록(耽羅錄)』, 『탐라지초본(耽羅誌草本)』, 『탐영관보록(耽營關報錄)』, 『탐라계록(耽羅啓錄)』 등의 저술이 그것이다.

이 중 『탐라록』은 저자가 헌종 7년(1841) 제주목사로 부임해 와 재임하던 기간 동안의 기록을 일기체의 형식으로 기술한 일종의 시문집류이다. 제주에서의 생활상과 치세에 관한 내용이 비교적 소상히 기록, 소개되고 있다. 『탐라지초본』은 제주도에 대해 비교적 체계 있게 서술한 사찬읍지(私撰邑誌)로서 제주도의 인물(人物), 지지(地誌), 호구(戶口), 풍속(風俗), 형승(形勝), 사적(史蹟), 도서(島嶼) 등 실로 기본이 되는 자료들을 총망라하고 있다. 『탐영관보록』은 저자가 목사로 부임하면서부터 관계한 제주목 관련 각종 중요 공문서들의 내용을 수록한 책이다. 『탐라계록』은 제주목의 지방관아에서 발생한 사건 등 내치(內治)의 중요한 부분에 관해 전라도 관찰사 등에게 의견을 물어보는 일종의 계달(啓達)의 형식을 빌어서 기록해 둔 것으로서 관청에서 공사(公事)를 벌임에 있어 매우 소중한 자료로 활용될 수 있는 것으로 알려지고 있다.

이처럼 제주와 관련한 방대한 양의 저술을 펼쳐 보이고 있는 저자 이원조 목사는, 조선의 철학이라 할 수 있는 성리학 분야에도 일가를 이뤄 『성경(性經)』, 『복성도설(復性圖說)』, 『산방우물록(山房寓物錄)』 등의 비중 있는 저작을 남기고 있는 것으로 전해지고 있다. 그런 그의 학풍은 영남 퇴계학파의 전통을 이어받아 분석[分開, 分看]과 종합[渾淪, 合看]이라는 자신만의 독특한 이원적 논리 시스템을 적용하며 자신의 입지를 펴온 것으로 알려지고 있다.

그렇지만 아무리 학문적 성취도가 높다 하더라도 여기에는 저자만의 남다른 목민관으로서의 '애민(愛民)의 정신'이 없이는 결코 이룰 수 없는 성과물이라 할 것이다. 그가 목사로 부임하는 동안 이뤄놓았던 일들을 상기해보아도 이는 금방 확인이 된다. 귤림서원 옆에 향현사(鄕賢祠)를 세워 제주유림의 사표격인 고득종(高得宗)을 배향케 함이라든지, 대정서당에 송죽사(松竹祠)를 지어 10년간 제주에서 유배생활을 했던 정온(鄭蘊)을 배향하고, 거기에 桐溪鄭先生遺墟碑(동계정선생유허비)를 세우게 함 등의 일을 통해 선인들의 훌륭한 발자취를 거울삼게 했다. 또한 망경루(望京樓)에서 유생 60인을 시취(試取)하여 각 서원에 배치시키는 등 평소 제주의 교학진흥(教學振興)에 애쓴 흔적들이 여기저기 남아 있다.

이외에도 그는 우도와 가파도에 민간인들이 들어가 경작하며 사는 것을 허가했고, 때마침 제주에 기근이 발생하자 조정에 아뢰어 인근 호남의 지역에서 곡식 2,500석을 가져다가 제주민들에게 나눠줘 구휼하기도 했다.

이원조(李源祚) 목사의 손길을 따라 더듬어 나가는 과거로의 여행이 이토록 즐겁고 흥미진진한 것은, 단지 그가 남긴 기록을 통해 과거 제주인들의 힘든 생활상을 쉽게 유추해 볼 수 있도록 서술한 그 글의 내용에 감격해서만은 아닐 것이다. 차라리 그 글 행간 속에 녹아나는 저자의 마음가짐 — 제주민에 대한 따뜻한 인간애를 가지고 일관하고 있다는 그 사실 자체가 실로 마음에 와 닿으면서 일말의 짜릿한 감동을 선사해주고 있다고 함이 솔직한 표현이 될 것이다.

16. 이원조(李源祚)의 『탐라록(耽羅錄)』(1843)

○ 辛丑閏三月二十四日晴往遊龍淵淵在西門外海濱獨浦村傍山溪通海潮溪中皆左右兩岸壁立數丈爲水所磨凹凸唅呀煩可觀而但地勢深奧從兩岸俯側改危何水窺入其中逼尺傾側無可安坐處溪水伏流爲淙琤之聲下流通潮處惟有水而渟渾無淸意可欠
移席於龍頭距淵越一岡左右山足皆怪石一塊如數間屋偃臥海濱頭角宛然如龍故名設帳於岡頭平衍處細草靑茨風日暄姸早朝方退波濤不興望見大小火脫島如髻如拳漁船點點往來招潛女數十人採納蔘鰒各逞技能須更堆積滿前饋以午飯分給米豆皆懽悅而去

○ 신축(辛丑)년 윤3월 24일, 맑게 갬. 용연으로 유람을 떠났다. 못은 서문 밖 바닷가 독포촌(獨浦村)에 있다. 산비탈 옆 계곡은 바닷물과 통해 있는데, 계곡 중간 좌우 양안 모두가 암벽이 들어서 있고, 높이는 수장(丈)이나 된다. 물길에 깎이고 달아 오목 볼록함이 입을 다문 듯 벌린 듯 어지럽게 펼쳐져 있어 가히 볼 만하다. 다만 지세(地勢)가 심오하여 양안 쪽으로는 엎드려서 봐야 하고, '어떻게 물이 들어오는가?' 하고 곁눈질하다가 자세가 기울기라도 하면 위태롭다. 그 중 가까운 곳에는 경사가 심해 안전하게 앉아 있을 자리가 별로 없다. 계곡물은 나지막이 흐르다 옥이 울리는 소리처럼 맑은데, 하류는 바닷물과 이어지는 곳이다. 다만 물이 흐리게 고여 있다고 해서 맑은 뜻이 없다고 할 수 있겠는가.
용연에서 약간 떨어진 용머리로 자리를 옮겼다. 한 언덕배기를 지나니 좌우 산기슭 모두 괴상하게 생긴 돌들이다. 돌 한 덩어리가 마치 수 칸짜리 집채만 한데, 바닷가 쪽으로 구부린 채 누워 있다. 머리의 뿔 모양이 완연한 용과 같아서 그래서 붙여진 이름이다. 언덕 모롱이 평평한 곳에 장막을 설치했다. 가는 풀과 푸른 가시나무가 바람과 햇빛을 받아 곱고 아름답다. 일찍 밀려왔던 조수가 이제 막 빠져나가니 파도는 일지 않는다. 대소화탈도(大小火脫島) 섬을 보노라면 마치 상투[髻] 같기도 하고 주먹[拳] 같기도 하다. 고깃배들은 점점이 오고가고 한다. 잠녀(潛女)를 불러들이니 수십 인이 해삼과 전복을 채납했다. 제각기 왕성한 (물질) 기능은 모름지기 다시 쌓이며 가득했다. 점심식사로서 음식을 보내오기 전이었다. 쌀과 콩을 나눠주었더니 모두 기뻐하며 돌아갔다.

○ **龍淵**

聞說龍淵勝　肩輿出白門
山腰納海水　地底臥雲根
望遠頻檯眼　窺深更着跟
漁舟繫斷港　何處是桃源

(韻字 : 五律 '元' 韻 — 門, 根, 跟, 源)

○ 용연

용연이 절경이란 말 전해 듣고
가마타고 서문[白門] 밖 나섰네.
산 허리춤까지 바닷물 출렁이고
땅 밑 낮게 구름 드리웠네.
대의 눈[檯眼] 들락거리며 멀리 조망하고
다시 발뒤꿈치 들면서 깊이 헤아려보네.
인적 드문 포구에 고깃배 묶여 있어
이 아니 어느 곳 무릉도원이란 말인가

○ **龍頭觀採鰒**

一匏身世千重海　獸髮魚形已白頭
空往空來風日惡　危死危生口腹謀
無穴爲珍有穴次*　高價猶難廉價求
官家縱知爾辛苦　朝貴何由減膳羞
今年鍾乳復未復　且殞白飯一椀休

* 鰒最大者不穴而乾爲珍貴官用以問遺

(韻字 : 七律 '尤' 韻 — 頭, 謨, 求, 羞, 休)

○ 용머리에서 전복 캐는 모습을 바라보며

한 개 테왁에 몸을 맡겨 천금 무게의 바다에
짐승 머리 물고기 형상 어느새 백발 다 되었네.
빈 망사리 채 들고남에 날씨마저 좋지 않고
저승길 넘나들며 입과 배 살찌우려 하네.
구멍이 있고 없음에 전복 값 차이 나도*
값 잘 받기는 저만치 오히려 헐값에 구해가네.
관의 사람들 제멋대로 알아, 너희들은 쓴 고생만
조공(朝貢)이 귀하다면서 어찌 적은 보상 부끄러워 안 해.
올해도 전복 젖꼭지[鍾乳] 다시 아니 또 다시,
저녁식사로 흰쌀밥 먹으며 도마 하나 비워두었네.

* 전복 중 최고로 치는 것은 구멍이 없는 것이고, 그걸 말리면 진귀한 조공품(朝貢品)이 된다. 관(官)에서 쓸 만한가 물어보려고 남겨둔다.

---

* 李源祚, 『耽羅錄』(影印本 ; 濟州大學校出版部, 1989), 46~48쪽.
* 위에 인용한 원문(原文)의 우리말 풀이는 필자의 졸역(拙譯)임.

【추임새】

위의 내용은 헌종 7년(1841) 제주목사로 부임해 온 이원조(李源祚 ; 1792~1872) 목사가 용연(龍淵)과 용두암(龍頭巖)을 유람하고 난 뒤 그 소감을 적은 기록이다. 용연 관련 이전의 다른 기록들보다 비교적 상세하다.

용연이 있는 한두기 마을을 두고 '독포촌(獨浦村)' 이라고 표기하고 있다. 이는 이전의 기록인 '대독포촌(大瀆浦村 ; 이익태)' , '대천외리(大川外里 ; 이형상)' 와 비교가 된다. 용연의 지형과 관련해서는 상세하고 재미있게 설명하고 있다. 이를테면, '계곡 양안의 지세가 심오하여 엎드려서 봐야 하고, 자칫 한눈팔다가는 위험함' 을 적시해 놓음 따위의 기록이다.

용두암에서는 용연에서보다 더 오래 머물렀던 것 같다. 언덕 모롱이 한 구석에는 아예 천막을 쳐놓았다. 특히 용두암 바닷가에서 물질하던 잠녀들의 실상이 비교적 소상히 소개되고 있다. 그러면서 그 감회를 '용머리에서 전복 캐는 모습을 바라보며[龍頭觀採鰒]' 라는 오언 배율의 시에 담아 표현하고 있다. 이 시에 표현된 내용으로 보아 당시 조공품(朝貢品)으로 말린 전복이 상당히 귀하게 취급되었음을 알 수 있고, 이를 관에 납품해야 하는 서민들의 고충이 컸음에 동정의 시선을 보이고 있기까지 하다. 여기에서 특이한 점은 전복의 상품가치를 전복 껍질에 생긴 구멍 유무에 따라 그 값의 차례가 매겨진다고 기록하고 있는 점이다.

위의 기록 등을 통해서 볼 때, 이원조 목사는 단순히 이곳 절경과 그 감회만을 노래하고 있지 않다. 당시 서민들의 애환을 잘 이해하려는 노력과 더불어 그 심사의 저변에는 그 실상을 잘 담아내어 후대의 관료들에게 교훈으로 삼게 하고자 하는 의도도 내재되어 있는 것으로 보인다. 예컨대 물질작업을 하며 하루하루 생계를 유지해야 하는 잠녀들의 처지를 동정하면서 일견 관의 착복이 지나침을 지적하고 있음 등의 표현이 그렇다. 이런 현실 고발성 발언은 당시의 정황으로 미루어 관의 최고 수령의 위치에 있지 않고서는 도저히 발설할 수 없는 부분이며, 특히 문서화 해 기록으로 남겨두는 일은 더욱 그랬을 것으로 사료되기 때문이다.

한편 이 책에는 위에 소개한 용연 관련 기록 바로 앞에 '영주십경제화병(瀛洲十景題畵屛)' 이라는 글이 실려 있기도 하다. 즉 제주의 뛰어난 절경 10개를 선정해 각 절경마다 자신이 지은 칠언절구의 시를 각기 써서 부기해두고 있는 것이다. 제목이 의미하는 바대로라면 그 열 개의 제주절경이 모두 그림으로 그려져 10폭 병풍에 만들어졌고, 거기에 자신의 시문이 화제(畵題)로 씌어졌던 것으로 추측된다. 아쉽게도 현재 이 병풍은 현전하지 않는 것으로 보인다. 그렇지만 이원조 목사가 선정한 영주십경(瀛洲十景)의 내용이 현재 알려져 있는 '영주십경' 과 일치하고 있는 점으로 미루어 볼 때, 그 가치는 매우 높다 하겠다. 결국 이원조 목사는 영주십경의 원조(元祖)격의 작품을 처음으로 제정한 장본인인 셈이다. 참고로 이원조 목사가 선정한 영주십경과 현재의 그것을 비교해 소개하면 다음과 같다.

(1) 영구상화(瀛邱賞花) → 영구춘화(瀛邱春花), (2) 정방관폭(正房觀瀑) → 정방폭포(正方瀑布), (3) 귤림상과(橘林霜顆) → 귤림추색(橘林秋色), (4) 녹담설경(鹿潭雪景) → 녹담만설(鹿潭晩雪), (5) 성산출일(城山出日) → 성산일출(城山日出), (6) 사봉낙조(紗峯落照) → 사봉낙조(紗峯落照), (7) 대수목마(大藪牧馬) → 고수목마(古藪牧馬), (8) 산포조어(山浦釣魚) → 산포조어(山浦釣魚), (9) 산방굴사(山房窟寺) → 산방굴사(山房窟寺), (10) 영실기암(瀛室奇巖) → 영실기암(靈室奇巖)

용연의 달밤에 뱃놀이를 하는 정경인 '용연야범(龍淵夜泛)' 은 이 영주십경에 포함되어 있지는 않다. 하지만 이보다 앞서 이익태(李益泰) 목사가 선정한 「탐라십경(耽羅十景)」에는 열 번째 절경으로 '취병담(翠屛潭)' 이 포함되어 있었다. 다만 '용연야범' 은 후대의 사람들에 의해 '서진노성(西鎭老星 ; 서귀포 삼매봉에서의 노인성 별보기)' 과 함께 기존의 영주십경에 덧붙여 '영주 12경' 의 하나로 소개된다.

17. 장인식(張寅植)의 『탐라지(耽羅誌)』(1850)

⊙ '形勝' 條 ('형승' 조)

○ **龍淵**

在西城外三里左右石壁深不可測俗傳神龍潛處旱則禱雨有應故名或稱翠屛潭

○ 용연 : 서쪽 성밖 3리에 있다. 좌우로 석벽이 있어 깊이를 헤아릴 수 없다. 전하는 풍속에 신비스런 용이 잠겨 있는 곳이라서 가뭄에 비를 기원하면 응함이 있다고 한다. 그래서 붙여진 이름이다. 다른 이름으로 취병담이라고도 한다.

○ **林悌 詩**

城南只數里　有峽淸而奇
石爲白玉屛　潭作靑琉璃
岸上幾叢竹　蕭蕭海風吹
扁舟倚短棹　吟玩歸遲遲

(韻字 : 五律 '微' 韻 ─ 里, 奇, 璃, 吹, 遲)

○ 임제 시

성남으로 나가 몇 리 밖에
협곡이 있어 청아하고 기이하다.
바위는 백옥 같은 병풍으로 둘러있고,
못은 파란 유리잔이라네.
언덕 위의 몇 무더기 대숲은
바닷바람이 불어와 살랑살랑 나부끼네.
조각배 계수나무 노에 기대어

시를 읊조리며 노닐다 돌아갈 길 더디네.

○ **李源祚 詩**

聞說龍淵勝　肩輿出白門
山腰納海水　地底臥雲根
望遠頻檯眼　窺深更着跟
漁舟仵短港　何處是桃源

(韻字 : 五律 '元' 韻 － 門, 根, 跟, 源)

○ 이원조 시

용연이 절경이란 말 전해 듣고
가마타고 서문[白門] 밖 나섰네.
산 허리춤까지 바닷물 출렁이고
땅 밑 낮게 구름 드리웠네.
대의 눈[檯眼] 들락거리며 멀리 조망하고
다시 발뒤꿈치 들면서 깊이 헤아려보네.
인적 드문 포구에 고깃배 묶여 있어
이 아니 어느 곳 무릉도원이란 말인가.

○ **龍頭巖**

在龍淵西數帿許海上崖斷處有大石入水中斗起如龍頭登其上可以遠眄

○ 용두암 : 용연 서쪽 몇 개의 포장과녁[帿] 정도의 거리에 있다. 바다 위로 벼랑이 잘린 곳에 큰 암석이 있는데 물에 잠긴 것 중 튀어나온 것이 마치 용머리와 같다. 그곳에 오르면 멀리까지 조망해 볼 수 있다.

○ **林亨秀 詩**

幽窟龍蟠爲擧頭　　應耽節制好風流
蒼波日落生新興　　綠酒杯深蕩舊愁
穴老毛興雲萬古　　灘鳴皇瀆月千秋
使君不是流連飮　　爲惜風光却少留

(韻字 : 七律 '尤' 韻 – 頭, 流, 愁, 秋, 留)

○ 임형수 시

굴속 깊이 스몄던 용, 머리 내어 치켜들었으니
목사[節制使]인들 응당 호풍류(好風流)를 탐낼 수밖에.
해 지자 푸른 물결 새로운 흥 일으키니,
잔 가득 푸른 술 부어 묵은 수심 씻어내네.
허물어진 모흥혈(毛興穴)엔 구름 인지 아득하고,
파도치는 한두기[皇犢]엔 천년 세월 달빛이네.
사또님 술독에 빠져 헤어나지 못함 이 아니라,
멋진 풍광(風光) 아쉬워 잠시 머물다갈 뿐이라오.

○ **林悌 詩**

海畔巑岏石　　龍頭謾設名
洪濤日夜擊　　猶作風雷聲

(韻字 : 五律 '庚' 韻 – 名, 聲)

○ 임제 시

바닷가에 우뚝 솟은 바윗돌,
용두(龍頭)라 이름 붙임이 아마도 허랑하다.
큰 파도 밤낮으로 내리치는데,
오히려 바람이 우레 소리를 일으킨다네.

○ **金清陰 詩**

危巖千仞跨鰲頭　　勢引蟠龍飮海流
跌宕遊人聯發興　　登臨遷客獨添愁
閬風西去無多地　　明月東來度幾秋
一洗胸中九重夢　　酒杯詩筆重淹留

(韻字 : 七律 '尤' 韻 － 頭, 流, 愁, 秋, 留)

○ 청음 김상헌 시

천길 위태로운 바위, 자라 머리 걸터앉혀,
서린 용 끌어낸 기세, 바닷물을 들이켜네.
질탕(跌宕)하게 노는 이들 덩달아 흥에 겨운 듯
꼭대기 오른 외로운 나그네 홀로 수심만 쌓이네.
신선 사는 낭풍산(閬風山)은 서(西)로 가도 많지 않으리,
밝은 달 동에서 돋아온 지 그 몇 해이던고.
가슴 속 신선의 꿈[九雲夢] 한꺼번에 씻어내고파
술잔과 시(詩) 쓸 붓만 번갈아 잡아보네.

⊙ '山川' 條 ('산천' 조)

○ **大川**

在州西二里末流爲大瓮浦其下有龍湫深無底長百步餘旱則禱雨有應云爾

○ 대천 : 주 서쪽 2리에 있다. 내의 끝을 대옹포(大瓮浦)라 한다. 그 아래로 용추(龍湫)가 있다. 그 깊이는 바닥이 안 보일 정도로 깊고, 길이는 백여 보 정도 된다. 가뭄에 비를 기원하면 응함이 있다는 둥 말한다.

⊙ '橋梁' 條 ('교량' 조)

○ **大川橋**

在大川

○ 대천교(한내다리) : 한내[大川]에 있다.

＊ 日本 東京大 所藏本, 『耽羅誌』(影印本)(제주대학교출판부, 1989), 26~27쪽, 39~40쪽.
＊ 위에 인용한 원문(原文)의 우리말 풀이는 필자의 졸역(拙譯)임.

【추임새】

위에 인용한 용연 관련 기록 부분은 앞서 소개한 이원조(李源祚)목사의 『탐라지초본(耽羅誌草本)』의 내용을 그대로 옮겨놓은 듯한 느낌이 들 정도로 대동소이하다. 아마도 그 책을 저본으로 하여 편집했기 때문에 그랬을 것이라는 추측이 든다.

앞서 이원조의 책에서도 지적했다시피 인용 시의 한자표기가 몇몇 오기로 나타나고 있기도 하다. 예컨대 용연을 소개하면서 인용한 임제의 '취병담' 에는 원래 桂棹(계도)가 短棹(단도)로 잘못 표기되어 있고, 이원조의 시 중 繫斷港(계단항)이라고 해야 할 것을 仵短港(오단항)이라 잘못 옮겨놓고 있기도 하다. 특히 청음(淸陰) 김상헌(金尙憲)의 '용두암' 에서는 세 군데의 오기(誤記)가 눈에 띈다. 즉 여기에 씌어진 跌岩(질암), 度幾秋(도기추), 九重夢(구중몽)은 각기 跌宕(질탕), 幾度秋(기도추), 九雲夢(구운몽)으로 되어야 원시(原詩)의 표기와 일치하는 셈이 된다.

그러나 이런 착오는 이 책의 일부에서 극히 미미하게 나타날 뿐이다. 전체적으로는 19세기 후반까지 제주와 관련된 중요한 역사적 사건과 당시 제주사회 전반에 걸친 시대상황을 종합적으로 조명해볼 수 있도록 다양한 자료와 사례들을 들며 보다 심층적으로 접근하고 있어서 제주 향토사를 이해하는 데 도움을 주는 소중한 기록이라 아니할 수 없다.

한편 위에 소개한 내용이 수록된 이 『탐라지(耽羅誌)』는 본래 제주대학교 탐라문화연구소에서 지난 1989년 영인본으로 제작하여 '탐라문화총서(耽羅文化叢書)' 제5권으로 발간한 것이다. 이 책에는 2종의 「탐라지(耽羅誌」가 함께 수록되어 있는데, 뒤의 것은 편저자가 광무(光武) 6년(1902) 대정현감으로 부임한 남만리(南萬里)로 밝히고 있지만, 앞의 것은 저자가 명시되어 있지 않은 채 단지 '일본동경대학소장본(日本東京大學所藏本)'으로만 소개되고 있다.

그렇다면 과연 이 『탐라지』의 편찬자는 누구일까?

필자는 이 책의 편찬자가 헌종 14년(1848) 3월에 제주목사로 부임한 '장인식(張寅植)' 목사일 것이라고 추정한다. 이의 고증 부분은 역사전문가의 몫이고 이 글의 내용과는 상관없는 일이긴 해도 참고로 그 책의 내용 가운데 그런 근거가 될 만한 몇 가지 사례를 찾아보면 다음과 같다.

우선 지방관으로 부임한 목사 등이 재임하는 동안 읍지류(邑誌類)를 편찬할 경우, 역대 재임 목사와 판관들의 명단을 수록하면서 대개는 편찬자의 선임자(先任者)까지 기록을 하는 게 일반적인 통례이다. 이를테면 이원조 목사의 『탐라지초본』의 경우, 그 책 '관안(官案)' 조에서 재임했던 역대 제주목사와 판관의 명단을 밝히면서 최종적으로 목사 구재룡(具載龍)과 판관 김최선(金最善)의 기록을 소개하고 있는데, 이들은 모두 이원조(李源祚)가 제주목사로 부임하기 직전의 목사와 판관이라는 공통점이 있다.

그런데 이 책 『탐라지』의 경우, 역대 제주목사와 판관을 소개하는 '선생록(先生錄)' 조에서 맨 마지막으로 소개되는 인물은 목사 이의식(李宜植)과 판관 탁종술(卓宗述)이다. 이들은 모두 다음의 후임자, 목사 장인식(張寅植)과 판관 강재의(姜在毅)에 앞서 재임했던 관료들이다. 그리고 위의 인용문에서도 확인했다시피 이 책의 체제와 내용이 이원조 목사의 『탐라지초본』을 저본으로 삼아 편찬되었음을 상기해 볼 때, 결국 이 『탐라지』의 편찬자로 '장인식' 목사를 자연스레 지목하게 되는 것이다.

그리고 또한 이 책 각 항목의 설명부분 말미에는 대부분 장인식 목사와 관련된 사항이 부기되고 있는 점도 관심을 끈다. 구체적인 예로 이 책 '제영(題詠)' 조의 시들은 거의가 모두 이원진(李元鎭)의 『탐라지(耽羅志)』에 소개된 것들로서, 이첨(李詹), 정이오(鄭以吾) 등으로부터 최부(崔溥)와 김종직(金宗直)의 장편시에 이르기까지 그 순서와 내용이 거의 일치한다. 그 마지막 부분에 두 편의 시, 곧 '千里海中斷俗喧(천리해중단속훤)'의 칠언절구와 삼성혈의 내용을 담은 '首出宛然鼎足居(수출완연정족거)'의 칠언율시가 실려 있는데, 이 시의 작자가 바로 장인식이다.

또한 이 책 '이견(異見)' 조에는 자신이 목사로 부임하기 5년 전에 발생했던 목리(牧吏) 양성진(梁聖進)의 실종사건을 해결한 것에 대한 기록이 자세히 소개되고 있기도 하다. 즉 목사 장인식은 수개월간 이 사건의 진상을 철저히 조사하여 결국 그 시신을 찾아 매장해주었고, 그 진범 강태손(姜太孫)은 잡혀 옥에 갇혔다 죽었는데, 사람들이 이 사건의 처리를 두고 모두 '신명(神明)' 이 통했다고 자랑삼아 설명하고 있기도 하다.

이 밖에도 귤림서원 옆의 사당명을, 이원조 목사가 '상현사(象賢祠)' 라고 지어 편액했는데, 사당의 그 이름이 임진왜란 때 순절한 천곡(泉谷) 송상현(宋象賢)의 이름자와 같다 해서 자신이 새로 '영혜사(永惠祠)' 라고 개명한 사실을 부기해놓고 있다. 또한 '망경루(望京樓)' 를 소개하면서 이곳을 거쳐 간 역대 목사들의 이와 관련해 지은 시문을 다 열거하면서 최종적으로 자신이 지은 '聖恩偏重敢言游(성은편중감언유)' 의 칠언절구를 남기고 있다. 이처럼 많은 부분에서 자신의 행적과 공무수행에 관련된 사항을 자세히 기록해놓고 있는 것은 자신이 편찬한 책이 아니고서는 도저히 다루기 힘든 내용의 소개이자 시도이다.

더욱이 목사 장인식(張寅植)은 '귤림서원묘정비(橘林書院廟庭碑)' 의 비문을 쓸 정도로 문장력도 뛰어났는데, 그 내용은 주로 오현(五賢)의 행적을 일일이 소개하며 그들을 추모하는 것으로 되어 있다. 또한 삼성사(三姓祠)에 숭보당(崇報堂)을 건립하고, 백재생(百齋生)을 두어 과업을 장려하는가 하면, '통방신창횡당절목(通房新刱黌堂節目)' 을 지어 전반적인 서당 운영의 지침을 정해주었고 아울러 유생들의 교육에도 많은 힘을 쏟았다.

제주목사로 2년 3개월간 재임하고서 그가 사직하여 떠나가자, 그에 대한 제주도민들의 애정이 각별하였던 것 같다. 그를 기리는 비석이 무려 여덟 군데에 이를 정도로 도내 곳곳에 산재해 있다. 이는 현재 도내에 남아 있는 역대목사 중 가장 많은 숫자의 기록이며, 아울러 이것은 바로 지방관료로서 선정을 베풀었다는 반증이기도 하다. 참고로 도내에 그의 선정비가 남아 있는 곳을 모아 소개하면 다음과 같다. 즉, (1) 제주향교(※ 牧相張公寅植崇儒右文碑), (2) 삼성혈(※ 牧使張侯寅植追思碑), (3) 화북 비석거리(※ 牧使張公寅植恤民善政碑), (4) 애월읍 구엄리(※ 使相張公寅植恤民善政碑), (5) 애월읍 애월리(※ 使相張公寅植善政碑), (6) 조천읍 신촌리(※ 使相張公寅植善政碑), (7) 조천읍 와산리(※ 使相張公寅植恤民去思碑), (8) 조천읍 북촌리(※ 牧使張公寅植永世不忘碑) 등이다.

한편 장인식 목사는 당시 대정현에 유배와 있던 추사(秋史) 김정희(金正喜)와도 각별한 유대관계를 맺었던 것으로 추정된다. 이 책 『탐라지』에는 앞서 언급한 영혜사(永惠祠)의 편액이 추사의 글씨로 남겨놓은 사실만 기록되어 있지만, 『완당전집(阮堂全集)』에는 추사가 '장인식에게 준[與張兵使寅植]' 편지글이 무려 20편이나 수록되어 있을 정도이다. 물론 이 글들은 장인식이 제주목사를 이임하여 떠난 뒤에 주고받은 것들이다. 그 글 중에는 장인식이 이미 추사에게 부탁했던 누각의 편액(扁額) 건에 대해 답하면서 '찬유헌(贊猷軒)'을 '좌연각(左演閣)'으로 고치는 게 좋겠다고 제안하는가 하면, 아울러 상량문의 일부 문구를 수정할 것을 권유하는 등의 세세한 내용까지 담겨 있다. 그러고 보면, 그가 제주목사로 재임하는 동안에도 추사와의 비공식적인 접촉은 종종 있었던 게 아닌가 하는 추측도 들게 한다.

18. 김윤식(金允植)의 『속음청사(續陰晴史)』(1897)

○ (光武 二年 戊戌 六月) 二十八日(初十日 壬戌) 晴熱. 朝飯後與文卿・子眞・寬卿・鎭文・景容(主人 字)・舜華, 往觀龍淵, 登南門樓, 緣堞而行, 至西門下, 觀出身廳, 舜華欲移寓於此故也, 因出城, 見人家頗稠, 西望數百武, 黌堂在焉, 萬松陰陰, 瓦簷翬飛, 庭前有銀杏二株, 地占爽塏, 倣京中太學, 少坐松陰下, 由啓聖祠前, 田間道行五百弓許, 已到龍淵上流, 岩石含砑, 兩壁削立, 俯看十丈之深, 下有水源, 僅足濫觴, 石面總奇, 環圍者如屛風, 累者如飣餖, 方者如碁局, 橫者如牀榻, 仰者如舟, 覆者如釜, 尊・罍・敦・禾・鼎・彝・梡・橛千態萬象, 其下流通於海, 若潮漲則可棹舟泝入也, 其傍有龍頭村, 村後巨岩狀如龍頭故名, 與諸人共坐龍頭岩上, 雇潛女二人, 使之採鰒, 浮沉者久, 得三箇鰒, 入村舍沽酒作膾啗之, 南岡具午飯來饋一行, 飯後南岡使人駕漁舟及槎船兩隻, 泊龍淵下, 於是乘舟泝洄, 兩岸石壁, 曲折掩映, 壁上多前人題名, 雜樹靑蔥, 藤蔓交垂, 凉風吹襟, 頓忘炎熱之苦, 諸人或歌或詠, 狂興迭發, 皆欲帶月而歸, 洪主事鍾時家在西門外, 距此最近, 爲其夕飯而來, 一行幷舟人盡飽, 肴核既盡, 月已斜矣, 遂聯笻歸寓.(원문 37~38쪽)

○ 무술(戊戌, 1898)년 6월 28일(음력 5월 10일 壬戌) : 맑고 더움.

조반 후에 문경(文卿), 자진(子眞), 관경(寬卿), 진문(鎭文), 경용(景容 ; 주인의 字), 순화(舜華)와 함께 용연(龍淵)을 가서 보려고 남문루(南門樓)에 올랐다.

첩(堞 ; 성을 따라 총을 쏠 수 있도록 생긴 홈)을 따라가다가 서문 아래에 있는 출신청(出身廳)을 보았는데, 순화가 이곳으로 집을 옮기고 싶어 하기 때문이다. 그리고나서 성을 나서니 인가가 보이고 자못 모여 있는데, 서쪽을 보니 수백 발자국쯤에 글방[黌堂 ; 지금의 향교]이 있다.

수많은 소나무가 그늘을 드리웠고, 기와 처마가 날개를 치며 날아갈 듯한데, 마당 앞에는 은행나무 두 그루가 있다. 땅이 상개(爽塏 ; 전망 좋은 곳)에 자리하여 있는데, 서울의 태학(太學)을 모방하였다.

소나무 그늘 아래 잠시 앉았다가 계성사(啓聖祠) 앞을 거쳐 밭두덕 길로 5백 궁(弓)쯤을 갔더니 벌써 용연 상류에 도착하였다.

암석이 맷돌을 물린 듯, 양쪽 벽이 깎아 세워 있다. 굽어보니 열 발이나 깊은데, 밑에서는 물이 솟아나고 있어서 작지만 근원이 되기에 충분하다. 돌의 표면이 모두 기이하여 주위를 둘러싸고 있는 것은 마치 병풍(屛風) 같고, 쌓아 있는 것은 음식을 괴어 놓은 듯하고, 모난 것은 바둑판 같고, 옆으로 누운 것은 평상[牀榻] 같고, 위로 쳐든 것은 배[舟] 같고, 엎어진 것은 마치 솥과 같다.

준(尊 ; 술통), 뢰(罍 ; 술잔), 대(敦 ; 옥쟁반), 게(禾 ; 나무 끝 굽은 것), 정(鼎 ; 솥), 이(彝 ; 제기), 완(椀 ; 도마), 궐(橛 ; 말뚝) 모양으로 천태만상이다. 그 하류는 바다에 통해 있는데, 밀물 때에 물이 들면, 노젓는 배가 거슬러 들어올 수가 있다. 그 곁에 용두촌(龍頭村)이 있는데, 마을 뒤에 있는 큰 바위 모양이 마치 용머리 같기 때문에 이름이 붙여졌다.

여러 사람이 용두암(龍頭巖) 위에 앉아서, 잠녀(潛女) 두 사람에게 삯을 주어 전복을 캐게 했다. 떴다 가라앉았다 하기를 오래 하더니, 전복 세 개를 캐냈다. 촌 가게에 들어가 술을 사서 회를 만들어 먹었다.

남강(南岡 ; 金膺彬)이 점심을 준비해 가지고 와서 일행이 먹었다. 점심 후에 남강이 사람들에게 고깃배와 테우(떼배) 두 척에 타게 하여 용연 밑에 정박해 있다가 여기에서 배를 타고 거슬러 올라갔다.

양쪽 언덕에 석벽(石壁)이 꾸불꾸불 굽어지며 햇빛을 가리고 있다. 석벽에는 먼저 다녀간 사람들의 제명(題名)이 많이 있고, 잡목들이 푸르게 우거지고, 등과 덩굴이 서로 엉겨 있어, 서늘한 바람이 소매를 스쳤다.

갑자기 뜨거운 무더위의 괴로움을 잊게 했다. 여러 사람은 가창을 하거나 시조를 읊으며, 미친 듯이 흥을 내어 갈마들며 쏟아내다가, 모두 함께 달을 끼고 돌아왔다.

홍주사 종시(洪主事 鍾時)의 집이 서문 밖에 있어서, 여기서 가장 가까운 거리에 있으므로 거기에서 저녁밥을 하고 와서, 일행과 함께 뱃사람이 모두 배불리 먹었는데, 안주와 과일도 나중에는 바닥이 났고, 달은 이미 기울었다. 드디어 연공(聯笻 ; 행동을 같이함)하여 집으로 돌아왔다.(83~85쪽)

○ (光武 二年 戊戌 九月) 一日(十六日 丁卯) 晝風夜陰, 微雨頻過, 曉大雨, 今日則旣望也,

與諸謫客汎舟龍淵, 海濤大漲, 與淵相通, 怒潮擊岸 聲勢雄猛 誠壯觀也. 陰雲聚散無常時漏月光 或微雨蕭蕭, 夜深月色稍佳, 遙聞歌船, 自山底浦迤來入淵, 邑中少年輩亦作旣望游, 我船中有吹笛者, 歌笛相和 至丑初, 下舟而還, 主人金判官(膺彬)以疕腮毒腫, 委痛四五日, 今夜尤劇, 可悶.(원문 46~47쪽)

○ 무술(戊戌, 1898)년 9월 1일(음력 7월 16일 丁卯) : 낮에는 바람불고 밤에는 흐림.

가는 빗줄기가 지나가더니 새벽에는 큰비가 내렸다. 오늘은 바로 기망(旣望)이다. 여러 적객(謫客)과 같이 용연(龍淵)에 배를 띄웠다. 바다의 파도가 크게 밀려와 용연과 서로 통하며 성난 밀물이 안(岸)벽을 때리니, 소리나는 위세가 웅맹(雄猛)하여 장관(壯觀)이었다. 검고 어두운 구름이 모였다간 흩어지기를 무상(無常)히 하는데, 때로는 달빛이 새어 나오기도 하고 혹은 가는 비도 내려 쓸쓸했다. 밤이 깊어가니 달빛도 자못 아름다웠다. 멀리서 노랫소리가 들리더니, 산저포(山底浦)에서 배가 흔들거리며 용연(龍淵)으로 들어왔다. 읍내 젊은이들이 역시 기망(旣望)놀이를 하고 있다. 내가 탄 배 가운데 피리부는 사람이 있어서, 노래와 피리가 축초(丑初 : 새벽 2시 30분경)때까지 서로 어우러졌다가, 배에서 내려 돌아왔다. 주인 김판관(金判官 膺彬)이 뺨에 허물이 나서 지독한 종기로 해서 4, 5일을 앓고 있는데, 오늘밤에는 더욱이나 심했다. 걱정스럽다.(102쪽)

○ (光武 四年 庚子 四月) 二十九日 (四月 初二日 癸酉) 晴佳, 與再昨日同游諸人, 共出西城, 欲往龍淵, 觀漁採, 訪康萬戶錫五家, 第舍軒敞, 街巷潔淨, 勝於城內人家, 主人出酒肴餽之, 飮罷, 起向龍淵, 左右麥田最腴已成穗, 可占豊登矣, 至龍淵, 舖席于淵旁石上, 水氣淸涼, 白魚亂跳, 沿海浦口, 漁採者彌滿, 日向晩, 康錫五饋諸人午飯皆飽, 歸路復入康氏家, 飮酒啖生鰒.(원문 85쪽)

○ 경자(庚子, 1900)년 4월 29일(음력 4월 초2일 癸酉) : 맑게 갬.

그저께 같이 놀았던 여러 사람이 모두 서쪽 성(城)을 나섰는데, 용연(龍淵)으로 가자고 하여 고기잡고 캐는 걸 바라보다가 강만호(康萬戶 錫五)의 집을 찾아갔다. 집이 넓고 시원한데 길가도 깨끗하여 성안 사람의 집보다도 나았다. 주인이 술과 안주를 내다먹였다. 마시기를 마치자 일어나 용연(龍淵)으로 향했다. 좌우 보리밭에 보리가 아주 잘 되어 이미 이삭이 패여 풍작을 점칠 수 있겠다.

용연에 이르러 못 옆의 돌 위에 자리를 폈다. 물의 정기가 청량(淸涼)한데 하얀 고기(숭어)가 이리저리 뛰어오르고, 바닷가 포구에는 고기잡고 캐는 사람들이 가득하였다. 해가 질 무렵, 강석오(康錫吾)가 여러 사람들에게 점심을 모두 잘 먹여주었는데, 돌아오는 길에 다시 강씨 집에 들어가 술을 마시고 날 전복[生鰒]을 먹었다.(175쪽)

○ (光武 四年 庚子 八月) 九日(十六日 乙卯) 晴, 酷熱難當, 今日旣望也, 夕飯後, 與三隱台・養泉・塘雲・葵園・經田・繡山・李景義・李公三・鄭子綏, 持酒肴, 登拱辰亭, 賞月望潮, 州牧爲旣望之遊, 汎舟張燈, 簫鼓轟沸, 士女傾城往觀, 今日潮水勝於昨日, 汎濫於水門內亭下, 尹先達百元, 新奉羅漢像, 設香花供養, 頗爲精潔矣, 夜深還寓, 月色如晝, 而炎暑猶未退.(원문 92쪽)

○ 경자(庚子, 1900)년 8월 9일(음력 7월 16일 乙卯) : 맑음. 혹독하게 무더워서 감당하기가 어려웠다.

오늘은 기망(旣望)이다. 저녁 후에 삼은판서(三隱台), 양천(養泉), 당운(塘雲), 규원(葵園), 경전(經田), 수산(繡山), 이경의(李景義), 이공삼(李公三), 정자수(鄭子綏)와 함께 술・안주를 가지고 공진정(拱辰亭)에 올랐다.

달을 감상하며 물이 들고 나는 것을 보노라니, 주(州) 목사(牧使)가 기망놀이를 하면서 배를 띄워 등을 켜고는 피리를 불고 북을 두드리는데 몹시 크게 울리며 버글거렸다. 온 성(城)의 남녀들이 나와서 보았다. 오늘의 조수(潮水)는 어제보다 더 나아 수문(水門) 안의 정자 밑에까지 넘실거렸다.

선달(先達) 윤백원(尹百元)이 나한(羅漢) 상(像)을 새로 모셔 향(香)과 꽃을 진설하고 공양(供養)하는데, 자못 정결스러웠다.

밤이 깊어서야 집으로 돌아오는데, 달빛이 마치 대낮 같았다. 그러나 무더위는 아직도 물러가지를 아니했다.(189쪽)

○ (光武 五年 辛丑 五月) 二十一日(四月 初四日 己亥) 大風且雨, 朝起, 聞民黨四陣中, 獨西門外龍淵陣最盛, 民數多於房(星七)賊時 … (中略) 今日携本官, 共向龍淵移陣曰, 昨見民會氣色, 決無害官長之理, 請與同往更諭, 本官不得已從之, 共至龍淵, 復申前說, 諸民等歷陣受苦之端曰, 初只欲訴寃祛弊而已, 不意平民多數, 爲崔漢所殺, 此恨豈不雪乎 … (中略) 金判官(應斌)避亂之別島, 面責本官(金昌洙)曰, 民所依者官也, 官獨避亂, 民將何依, 以城與軍器, 拱手與人, 而身在城外, 他日朝廷得無重責乎, 本官唯唯謝曰, 吾將入城矣, 是日自龍淵還入城.(원문 121~123쪽)

○ 신축(辛丑, 1901)년 5월 21일(음력 4월 초4일 己亥) : 크게 바람불고 비내림.
아침에 일어나 들어보니, 민당(民黨) 사진(四陣) 중에서 유독 서문(西門) 밖 용연(龍淵)에 있는 진(陣)이 가장 기운차서 민중의 수가 방적(房賊 ; 房星七)의 난 때보다 많았다. … (중략)
오늘 본관(本官)을 데리고 함께 용연 쪽으로 진(陣)을 옮기고 말하기를, "어저께 민회(民會)의 기색을 보았더니, 결코 사또[官長]를 해칠 리가 없다"고 하며, 함께 가서 다시 효유(曉諭)하기를 청하자, 본관(本官)은 부득이 기기에 따리 함께 용연(龍淵)에 가서, 다시 앞서와 같은 말을 한 즉, 여러 백성들은 고통을 받았던 사단들을 낱낱이 늘어놓으며 말하기를, "처음에는 다만 억울한 걸 호소하고, 폐단을 물리치고자 했을 뿐인데, 뜻하지 않게 평민(平民) 다수가 최(崔)놈에게 피살되었으니, 이 한(恨)을 어찌 설욕하지 않겠는가"라고 했다. … (중략)
김판관(金判官 膺彬)은 난을 피해, 별도(別島 → 別刀)에 도착하여 본관(本官 ; 金昌洙)을 면책하며 말하기를, "백성이 의지하는 게 관(官)인데, 관이 혼자서 피난을 해버리면, 백성은 장차 누구를 의지하여, 성(城)과 군기(軍器)를 다루겠는가? 그리고 몸이 성 밖에 나와 있다고 훗날 조정(朝廷)에서 무거운 추궁이 없을 것인가?"하자 본관은 "예, 예"하며 고맙다면서 말하기를, "나는 곧 성에 들어가겠다." 해서 이 날 용연(龍淵)에서 돌아와 성에 들어갔다.(249~254쪽)

○ (光武 五年 辛丑 五月) 二十二日(四月 初五日 庚子) 小滿節, 朝陰晩晴, 本官出送巡校于

龍淵, 催促民人等狀, … (中略) 民兵自龍淵移陳, 稍近屯於鄕校前, 距西城數百步, 彈丸可以相及矣.(원문 123~124쪽)

○ 신축(辛丑, 1901)년 5월 22일(음력 4월 초5일 庚子) : 소만절(小滿節)이다. 아침에 흐렸다가 늦게 맑았다.

본관(本官)이 순교(巡校)를 용연(龍淵)에 보내어, 민인(民人)들에게 등장(等狀)을 최촉하였다. … (중략)

민병이 용연(龍淵)에서 진(陣)을 옮겨, 향교(鄕校) 앞으로 좀 더 가까이 주둔하였는데, 서성(西城)에서 수백 보(步)의 거리여서 탄알이 서로 맞힐 수 있었다.(254~255쪽)

---

* 金允植 著(金益洙 譯),『續陰晴史』(濟州文化院, 1996). ( )의 내용은 인용한 쪽수임.

【추임새】

운양(雲養) 김윤식(金允植 ; 1835~1922)의『속음청사(續陰晴史)』에 나타난 용연 관련 기록은 크게 두 가지 형태로 대별하여 파악할 수 있다. 하나는 용연이 그 절경이 빼어나고, 기망놀이의 장소로서 유명한 곳으로서 저자가 몇 차례 찾아가 그 소감을 남긴 방문지로서 인식됨이요, 다른 하나는 신축년(辛丑年 ; 1901)에 발생한 제주민란 시, 민당(民黨) 서부진영이 구축한 교두보(橋頭堡)로서 용연(龍淵)이 위치하고 있음이다.

용연의 절경에 대한 감회를 피력한 내용은 이 책에서 모두 세 번에 걸쳐 등장한다. 한번은 하루 날을 잡아 본격적인 용연유람을 펼친 것이요, 나머지 두 번은 모두 '칠월 기망(七月旣望 ; 음력 7월 16일)' 에 용연에서 벌어졌던 밤 뱃놀이 정경에 대한 소감이다.

먼저 용연을 유람했던 기록을 살펴보자. 무술년(戊戌年 ; 1898) 6월(음력 5월 10일)에 김윤식은 당시 제주로 유배되어 와 살고 있던 사람들과 함께 본격적인 용연 유람을 떠난다. 주성(州城)에서 나와 용연으로 가는 도중 출신청(出身廳), 향교(鄕校 ; 여기에서는 '黌堂' 이라 표기함), 계성사(啓聖祠) 등을 지나면서 보았던 소나무의 그늘과 두 그루의 은행나무, 전망 좋은 터[爽塏]를 언급하고 있다. 이윽고 용연에 도착한 뒤 계곡으로 내려가서 그 펼쳐진 장관과 천태만상의 돌들의 모습에 매우 감동을 받았던 것으로 보인다. 그날의 현장 분위기를 전달하는 그의 표현을 보면 매우 솔직하고 과장이 없어 보이면서도 또한 아주 치밀하고 세세하게 묘사하고 있다. 이는 평소 사물을 대하는 저자의 예리한 관찰력의 소산이라 판단된다. 예컨대, 용연의 계곡 사이에 널려 있는 돌들의 기이한 모습을 두고, "주위를 둘러싸고 있는 것은 마치 병풍(屛風) 같고, 쌓여 있는 것은 음식을 괴어놓은 듯[飣餖] 하고, 모난 것은 바둑판[碁局] 같고, 옆으로 누운 것은 평상[牀榻] 같고, 위로 쳐든 것은 배[舟] 같고, 엎어진 것은 마치 솥[釜] 같다."고 표현하고 있는 점 등이 바로 그렇다. 용연이 위치한 한두기마을을 단순히 '용두촌'(龍頭村)이라고 소개함도 이색적이다. 이보다 앞선 기록에 '대천외리(大川外里)', '대독포촌(大瀆浦村)'으로 표기되어왔던 곳이다. 용두암에서 바라본 정경의 묘사는 용연에 비해 그 비중이 적고 비교적 단출하다. 여기에서도 용두암 바닷가의 해녀에 대한 부분이 있긴 하지만 물질하던 해녀들에게서 전복을 사서 안주삼아 술잔을 기울인 기록만이 남아 있다. 이 날은 본토 출신 판관 김응빈(金膺彬)과 주사(主事) 홍종시(洪鍾時)가 점심과 저녁식사를 이들 일행들에게 각각 대접했던 것으로 나타나고 있다.

칠월(七月) 기망(旣望)에 용연에서 밤뱃놀이 정경을 묘사한 부분은 모두 두 번이다. 처음은 무술년(戊戌年 ; 1898) 9월 1일(음력 7월 16일)로서, 이 때에는 김윤식과 그의 일행들이 직접 용연에서 배를 다고 노래를 부르고, 피리를 불며 새벽 2시 30분까지 시로 어우러져 놀았던 것으로 되어 있다. 다음은 그로부터 2년 뒤인 경자년(庚子年; 1900) 8월 9일(음력 7월 16일)로서, 이 날은 일행들과 함께 술과 안주를 준비해 공진정(拱辰亭)에 올라서 본주(本州) 목사(牧使)가 벌이는 기망놀이를 구경만 한 것으로 되어 있다. 여기에서 주목되는 점은 "기망놀이를 하던 읍내 젊은이들이 탄 배가 노래를 부르며 산저포(山底浦)에서 용연(龍淵)으로 들어왔다."고 기술하고 있는 점이다. 이는 기망놀이의 장소로서 그 공간 범위가 단순히 용연이라는 지점 한 곳에만 국한되지 않고 있음을 보여주는 사례라 하겠다. 한편 이보다 앞선 이 해(1900) 4월에도 김윤식은 용연을 잠깐 다녀간 기록이 있는데, 만호(萬戶) 강석오(康錫五)의 집에서 술과 안주를 얻어먹은 일, 보리밭의 팬 이삭을 보고 풍년을 점치던 일, 용연에서 숭어[白魚]를 잡는 어부들의 일 들이 함께 소개되고 있기도 하다.

이 책의 인용부분에서 두 번째의 관심은 교두보 진지로서 용연이 위치하고 있다는 점이다. 용연은 주성 서문 밖 2,3리에 위치한 곳으로서, 본래 이곳은 성안이 훤히 들여다보일 정도로 지세가 높은 편이다. 특히 신축년(辛丑年 ; 1901)에 벌어진 제주민란 시 이곳에 상주한 민병의 기세가 제주의 다른 곳들보다 더 위협적일 정도로 규모가 컸다고 밝혀져 있기도 하다. 당시 이곳은 서부의 지역 출신 민병들의 거점지로서 이재수(李在守)를 장두(狀頭)로 내세워 성을 위협하고 있었다. 한편 당시 목사대행인 군수 김창수(金昌洙)가 화북포구로 피신해 있을 때, 판관 김응빈(金膺彬)이 그 처신에 대해 질책하는 언사는 참으로 위엄 있어 보인다. 그길로 김창수 군수는 민당을 효유하기 위해 용연으로 간 후 곧장 성안으로 돌아오지 않으면 안 되었으니까 말이다. 조선시대 밤뱃놀이의 장소로서 제주의 한 문화공간으로만 위치하는 것으로 생각해왔던 이곳 용연이 이처럼 역사현장 가운데 군사 전략적 거점의 하나로 활용되고 있었다고 하는 점은 퍽 충격적이다. 변화무쌍한 용(龍)의 성격을 닮아서일까? 새삼 용연이라는 공간을 두고 생각해보면서, 그 쓰임새의 다양함과 아울러 그곳에 내재(內在)하는 신에 대한 경외심(敬畏心)을 느끼게 한다.

이 책의 저자인 운양(雲養) 김윤식(金允植)은 한평생을 파란만장한 삶을 영위해 온 인물로 역사에는 기록되고 있다. 마치 자신의 아호인 '운양(雲養)'의 의미처럼 그의 삶 한 편에는 밝은 태양과 함께 늘 어두운 먹구름이 도사리고 있었다고 할 만큼 희비가 교차되는 일들이 끊임없이 이어져 왔다.

위의 기록은 자신의 저서 『음청사(陰晴史)』에 이어 발간된 『속음청사(續陰晴史)』중 제주와 관련된 부분의 일부이다. 책명을 '음청사(陰晴史)'라 함은 아마도 역사의 흐름을 마치 날씨에 비유해 그늘진 날과 맑은 날의 연속됨을 상징하여 그렇게 표현한 것이라 믿어진다. 그리고 그의 기록들이란 모두 일기체의 형식으로 씌어진 저술로서 사실의 기록에 바탕을 두고 어두운 면까지 조망해낸다는 의미도 함축하고 있을 법하다.

운양(雲養) 김윤식(金允植 ; 1835~1922)의 생애는 19세기 중반에서 20세기 초반에 걸쳐 있다. 이 시기는 우리나라가 위기와 혼돈에 처했던 시대로서 동아시아적 전통이 해체되고 근대적 삶으로 전환하는 개혁 개방의 시대였다. 이를 순탄하게 넘지 못하고 국내적으로는 급기야 국권상실이라는 비운을 맛보게 되고, 제주에서는 특히 무술난(戊戌亂 ; 1898)과 신축난(辛丑亂 ; 1901)의 소용돌이 속에 휩싸이게 되었던 것이다. 『속음청사』는 바로 이러한 시대를 살면서 자신이 보고 들은 바를 일기체의 형식으로 서술한 일종의 역사의 증언서인 셈이다.

한편 이처럼 급박한 세태에 처한 중요한 시기에 일어났던 일들을 일기체 형태로 기록한 야승류(野乘類)의 저술로서 김윤식의 『음청사』, 『속음청사』와 함께 유명한 것으로서는 매천(梅泉) 황현(黃玹 ; 1855~1910)의 『매천야록(梅泉野錄)』이 있다. 매천 황현은 김윤식 보다 20년 연하의 사람이긴 하지만, 그의 저술은 당시 대한제국 조정의 역사적 행보를 비판적 역사관과 현실주의적 필치로써 일관되게 그려내고 있다는 평가를 받고 있기도 하다. 김윤식과 관련한 기록이 황현의 『매천야록』에 여러 곳에 보인다. 그의 생애를 이해하는 데 이보다 더 생생하고 사실적인 기록이 없을 것이기에 그 책에 수록된 김윤식의 기사의 주요 부분만을 간추려 참고로 소개한다.

〈참고〉 황현(黃玹)의 『매천야록』에 수록된 김윤식(金允植)의 활동상

■ 권 1 상 : 갑자년(甲子年 ; 1864) ~ 정해년(丁亥年 ; 1887)

○ 신사년(辛巳年, 1881) 가을 김윤식을 영선사(領選使)로 삼아 천진(天津)에 파견함 : 당시 우리나라를 비호하는 이홍장(李鴻章)이 북양총독(北洋總督)으로 천진에 개부하고 이에 조정에서는 문무관의 자제로서 총명하고 재주있는 자 100여 명을 선발하고 김윤식으로 하여금 이끌고 가서 이홍장의 주선으로 중국과 서양의 학문을 배우도록 한 것임(상/156~57쪽)

○ 원세개의 정변에 대한 발언 : 원세개(袁世凱)가 후에 김윤식에게 말하기를, "귀국은 정사가 어지러워진 지 오래되었으니 크게 경장(更張)을 하지 않으면 유지할 수가 없을 것이다. 10월에 났던 정변(※1884년의 갑신정변)은 정당성이 없다고 볼 수 없다. 김옥균(金玉均) 무리들이 만약 나에게 알렸다면 나는 응당 중립을 지키며 일이 이루어져 가는 것을 관망했을 것이다. 그런데 일이 너무나 뜻밖에 일어났기 때문에 견제를 했던 것이다." 했음, 나는 이 이야기를 김윤식에게서 들었음(상/220~21쪽)

○ 김윤식이 8년간 면천군에서 유배생활을 함 : 평소 원세개(袁世凱)와 가까운 사이였던 김윤식에게 원(袁)이 하는 말이 "국왕의 덕이 고쳐질 가망이 없으니 내선(內禪)을 하여 대원군이 보좌하게 하고 민씨들의 세력을 물리쳐 백성의 소망에 부응한다면 국정이 좋아질 것이다."라고 했는데, 이 말이 명성왕후의 귀에 들어가자 크게 노하여 김윤식이 국사를 들추어 해를 끼치고 있다는 명목을 들어 유배를 보내도록 엄명을 내림, 이후 8년간의 귀양살이를 마치고 갑오년(1894) 여름에 비로소 석방됨(상/262~63쪽)

○ 빼어난 선비 김윤식 : 김윤식과 한장석(韓章錫)은 젊었을 때 모두가 가난하였는데 자하동(紫霞洞)에서 문을 닫고 독서하였으므로 당시에 북산(北山) 아래의 빼어난 선비를 일컬을 때 반드시 한장석과 김윤식을 손꼽았다 함(상/263쪽)

■ 권 2 : 갑오년(甲午年 ; 1894), 고종 31년

○ 김윤식을 강화유수로 서용함(상/372쪽)

○ 군국기무처의 위원 중 1인에 포함됨 : 김홍집을 총재로 하는 군국기무처에 김윤식이 위원 중 한 사람으로 참가함, 날마다 일과로 회의를 열고 대소의 사무를 논하여 임금에 품의하고 시행함(상/374쪽)

○ 김홍집을 총리로 하는 각료에 외무대신으로 김윤식이 임명됨(상/381쪽)

■ 권 2 : 을미년(乙未年 ; 1895), 개국 504년

○ 을미왜변(乙未倭變)의 책임소재에 대한 회신 : 일본공사 삼포오루(三浦梧樓)가 대궐을 침범하여 왕후 민씨가 시해당하는 사건이 발생함, 이에 김윤식이 조회에 회답하기를 '아울러 뒤섞여 들어간 자들이 진짜 왜인이 아니며 훈련대가 왜인으로 가장한 것에 불과하다' 고 했는데 대개 일본이 두려워 그들을 엄호한 것임(상/460~61쪽)

○ 세상에서 김윤식, 어윤중(魚允中)은 '청당(淸黨)' 이라 일컫고, 김홍집(金弘集), 유길준(兪吉濬)은 '왜당(倭黨)' 이라 일컫고, 이범진(李範晉), 이윤용(李允用)은 '아당(俄黨)' 이라 일컬었음, 세 당이 교대로 진출하여 나라꼴이 더욱 말이 아니었음. 갑오년(1894), 을미년(1895) 사이에는 왜인이 나라의 운명을 좌우하더니 이 때 이르러 아국인(俄國人)에게 뺏겼는데 곧이어 임인년(1902)에 전쟁이 벌어진 뒤로 왜인이 다시 뜻을 펴게 되었음(상/482쪽)

■ 권 2 : 정유년(丁酉年 ; 1897) 건양(建陽) 2년

○ 김윤식과 이승오(李承五)의 유형(流刑) : 김윤식과 이승오를 멀리 제주로 유배 보냄, 당시의 의론이 김윤식은 거짓조서에 서명하여 왜놈에게 아첨하여 그들을 비호했으며, 이승오는 역적에게 아부하여 글을 지어 종묘에 고했다고 하여 법관에 회부, 나라의 법을 바로 세워야 한다고 요청함. … 이승오는 유배지에서 몇 해 지내다가 사망하였고 김윤식은 첩을 사서 아들 둘을 낳았으며 그는 자기 몸보신을 충족히 하여 나이가 칠순이 되도록 정력이 강하여 젊은이와 같았음, 사람들은 그가 장차 다시 권력을 잡을 징조라고 함(상/540~41쪽)

■ 권 2 : 무술년(戊戌年 ; 1898) 광무 2년

○ 제주에서 방성칠의 민란 : 제주에서 민란이 일어나 목사 이병휘(李秉輝)를 축출함, 육

지사람 방성칠(房星七)이 갑오년(1894)에 제주에 들어와 참언과 성력(星曆)을 풀이한 것으로 대중을 현혹시키면서 그곳을 거점으로 삼아 스스로 왕이 되고자 하였음, 그때 마침 목사 이병휘가 탐학하였으므로 방성칠은 사람을 선동하여 그를 몰아내고, 큰소리를 치되 귀양와 있는 여러 사람들을 불러 기용하면 소조정(小朝廷)을 만들 수 있다고 하였음, 이 때에 김윤식, 이승오, 서주보(徐周輔), 정병조(鄭丙朝) 등이 모두 유배 와 있었는데, 크게 놀라 명월포(明月浦)로 도피하여 방을 붙여 이치로 타이르고 백성들을 모집해서 역적의 토벌에 나섰음, 아전과 군교들 또한 안에서 호응하여 방성칠을 잡아 죽였음, 조정에서는 이 사실을 듣고 6월에 김윤식 등을 육지 고을에 소속된 여러 섬으로 옮기도록 했음(상/544쪽)

■ 권 3 : 경자년(庚子年 ; 1900) 광무 4년

○ 윤용선(尹容善)의 상소 : 김윤식, 이재면(李載冕)을 처형키로 청함, 을미사변 때 왕후를 폐위시키기를 청했던 신하들은 사망하거나 도주하였지만 김윤식은 여전히 살아있음(하/54쪽)

■ 권 3 : 계묘년(癸卯年 ; 1903) 광무 7년

○ 정부의 여러 신료(臣僚)들이 연명 소를 올려 김윤식을 죽일 것을 청하였음, 사람들은 후명(後命)이 조석 간에 내릴 것으로 생각하였는데 아국(俄國)과 일본의 싸움으로 인해 조정은 경황이 없어 이 일이 중단되고 말았음(하/154쪽)

■ 권 4 : 을사년(乙巳年 ; 1905) 광무 9년

○ 김윤식, 정만조(鄭萬朝) 등을 석방하라는 명(命)을 내림(하/230쪽)

■ 권 5 : 병오년(丙午年 ; 1906) 광무 10년

○ 김윤식에 대한 사면 거부 : 민회(民會)의 송병준(宋秉畯) 등이 정부에 압력을 넣어 김윤식, 박영효(朴泳孝) 등을 모두 서용하고, 백락관(白樂寬)을 신원(伸寃)하여 그 충성을 정표하자고 청하였음, 임금이 크게 노하여 "짐이 이 자리를 내놓을지언정 김윤식은 사면할 수 없다" 고 하였음(하/309쪽)

■ 권 5 : 정미년(丁未年 ; 1907) 광무 11년(융희 원년)

○ 김윤식 사면 : 김윤식이 사면을 받아 돌아왔음, 그는 나이가 70이 넘었는데 정력이 젊은이와 비슷하여 섬에 귀양 가 있을 때 두 아들을 낳았음, 병오년(1906) 겨울 70세 이상의 사람들은 모두 사면한다는 조서가 내렸으나 김윤식만 거기서 누락되었는데 일진회에서 수차 정부를 비난했음, 이 때에 이르러 세상형편이 곧 변하게 되자 그가 먼저 석방된 것임(하/392쪽)

○ 김윤식이 홍사단을 창설함 — 정미년(1907) 10월(하/446쪽)

■ 권 6 : 무신년(戊申年 ; 1908) 융희 2년

○ 김윤식을 중추원 의장에 임명함(하/472쪽)

○ 김윤식, 유길준 등이 강구회(講舊會)를 개설했음, 그 규례는 향약(鄕約)과 유사했으며 나라를 위해 절사한 인물들의 추도회를 열어 근래 목숨을 바친 김옥균(金玉均), 전봉준(全琫準) 등도 포함시켰음, 다만 왜인들의 눈을 의식해 민영환과 조병세는 미치지 못함(하/485~86쪽)

○ 김윤식은 진개화(眞開化) : 김윤식은 가묘에 서고(誓告)하여, 기제사(忌祭事)와 절사(節祀)를 폐지하고 봄과 가을의 마지막 달에 시제(時祭)를 하되 4대(代)를 함께 하겠다고 하였음, 또 뭇사람에게 통고하고 혼자된 외손녀를 개가시켰음, 또 아들 김유증(金裕曾)이 아들을 두지 못하고 죽었는데, 적파(適波)의 손자항렬을 놓아두고 서종질의 아들을 후사로 세웠음, 시속의 사람들은 그를 '진개화(眞開化)' 라고 불렀음(하/492쪽)

○ 김윤식이 이등박문(伊藤博文)과 함께 일본으로 들어갔음(하/493쪽)

○ 김윤식이 일본에 갔다가 돌아왔음, 그가 일본으로 갔을 때 이등박문의 사위 말송겸징(末松謙澄)이 그를 맞이하여 유람을 하였고 또 그 나라 원로들을 모아 하삭음(河朔飮 ; 더위를 피해 마시는 술)을 베풀어 즐겼음, 그리고 지은 시들을 모아 『지성납량집(芝城納涼

集)』이라 이름하여 간행하여 보내왔음, 말송겸징이 이 사실을 서문에 기록했는데, "명치(明治) 모년 모월 한국 김중추 윤식이 칙명을 받들고 내조하였다."라고 쓰여 있었음, 김윤식은 그것을 부끄러워하지 않고 동인(同人)들에게 증정하여 자기를 알아준 것을 과시하였음(하/506쪽)

○ 서울의 무뢰한 자들이 이등박문은 공덕이 높으니 동상(銅像)을 세우자고 앞장서서 주장하였는데, 이등박문은 허락하지 않았음, 어떤 이는 이것이 김윤식으로부터 나왔다고 함(하/532쪽)

■ 권 6 : 기유년(己酉年 ; 1909) 융희 3년

○ 대한민보(大韓民報) 간행 : 홍사단장 김윤식, 김가진(金嘉鎭) 등이 『대한민보』를 간행하였음(하/572쪽)

○ 이등박문(伊藤博文)의 장례(葬禮) : 임금은 민병석(閔丙奭)을, 태황제는 박제빈(朴齊斌)을 뽑아 조위사(弔慰使)로 삼고 김윤식을 원로의 대표로서 함께 일본으로 가도록 했음(하/602쪽)

■ 권 6 : 경술년(庚戌年 ; 1910) 융희 4년

○ 한창수(韓昌洙)가 증미황조(曾彌荒助)가 통감으로서 교체된 것을 위로하기 위해 일본으로 갔음, 김윤식 등이 시를 부쳐 증미황조를 위로했으며 대신 중에 그에게 편지를 부치면서 자칭 '소관(小官)' 이라고 일컬은 자도 있었음(하/646쪽)

○ 일본인이 이등박문의 유고시집 『삼백시존(三百詩存)』을 김윤식에게 보내 여러 관원에게 나눠주도록 했음(하/647쪽)

○ 김윤식을 대제학(大提學)에 임명했음(하/657쪽)

※ 황현 지음(임형택 외 옮김), 『역주 매천야록(梅泉野錄)(상), (하)』(서울: 문학과 지성사, 2005). ( )의 내용은 이 책에서 인용한 쪽 수를 나타냄.

19. 김 협(金 浹)의 『노귤시집(老橘詩集)』(일제강점기)

⊙ 屛溪棹歌 十首 (병문계곡의 뱃노래 열 수)

○ **其一**

漢拏山上鹿潭深　山下淸流掛碧潯
觸去岩頭疑碎玉　噴來洞口似鳴金
鶴驚終日難成夢　鷺浴盤渦底有心
吾道源源如此水　歸于大海任浮沈

(韻字 : 七律 '侵' 韻 ― 深, 潯, 金, 心, 沈)

○ 첫째

한라산 꼭대기 깊은 백록담
산에서 맑은 물 흘러 물가엔 푸른 절벽 걸렸네.
바위 끝 스쳐 옥을 부숴낸 듯
골짜기 입구로 뿜어 징소리 울리는 듯하네.
학은 하루종일 놀라 꿈을 꾸지 못하고
백로는 멱을 감다 소용돌이에 잠기네.
우리의 도(道)도 끊이지 않고 여기 물처럼
큰 바다로 돌아가 뜨고 잠김을 맡겨두리라.

○ **其二**

一曲溪東住我家　柴門半掩水之涯
白蘋葉底風生細　紅蓼花邊日已斜
無事吟來看鶴圃　有時步下狎鷗沙
道心夲自淸虛在　荷露成珠轉翠華

(韻字 : 七律 '麻' 韻 ― 家, 涯, 斜, 沙, 華)

○ 둘째

첫째 곡, 계곡 동쪽에 내 집 있어
사립문 반만 닫혀 물가 보이고
흰마름잎 밑에 바람 가벼이 스치면
붉은 여귀꽃 주변엔 황혼이 지네.
아무 일 없어 학포(鶴圃)를 보며 시를 읊고
때때로 걸어서 갈매기 앉는 모래톱으로 가네.
도심(道心)은 본디 맑고 공허함에 있으니
연꽃에 맺힌 이슬 붉은 꽃잎으로 굴러가네.

○ 其三

二曲潺潺白石灘　閑來終日靜垂竿
輕輕雨笠何愁濕　短短煙蓑不畏寒
酒爲忘憂將醉月　道因有術每觀瀾
滄浪之水淸兮濁　小子何知獨自歎

(韻字 : 七律 '寒' 韻 － 灘, 竿, 寒, 瀾, 歎)

○ 셋째

둘째 곡, 졸졸 흘러 하얀 돌의 여울
한가로이 온종일 조용히 낚시 드리우네.
삿갓에 솔솔 내리는 비 무슨 시름 적시나
짧은 담뱃대와 도롱이면 추위도 이겨내네.
술로 걱정 잊고 달빛에 취하면
도(道)에는 술(術)이 있는지 매번 큰 물결 보게 되네.
창랑(滄浪)의 물, 맑으면 갓끈 씻고 흐리면 발을 씻는데
어린애가 홀로 즐거워함을 어찌 알리.

○ **其四**

三曲漁歌唱晚回　滿船風月爭無埃
一江綠水鷗分去　兩岸靑山鷺割來
細雨歸時元亮里　夕陽過處子陵臺
打舷歌罷滄浪調　可以纓之可足哉

(韻字 : 七律 '灰' 韻 — 回, 埃, 來, 臺, 哉)

○ 넷째

셋째 곡, 어부들 노랫소리 저녁 되어 돌아오는데
배 가득히 바람과 달빛 깨끗하고 맑네.
강 푸른 물에 갈매기 흩어져 가고
양 언덕 푸른 산에 해오라기 줄지어 날아오네.
돌아올 원양리(元亮里)에 가랑비 내리니
석양에 지나는 곳 자릉대(子陵臺)라네.
뱃전 두드리며 노래 부르니 창랑(滄浪)가락이라
갓 끈 씻어도 좋고 발 씻어도 좋으리.

○ **其五**

四曲溪邊罷釣歸　江村月落掩柴扉
松風鶴夢閑中境　荻雨鷗眠靜裡磯
結網蜓燈兒漸熟　炊菰蟹舍客須稀
水時不問滄浪叟　短棹輕橈待夕暉

(韻字 : 七律 '微' 韻 — 歸, 扉, 磯, 稀, 暉)

○ 다섯째

넷째 곡, 계곡 가에 낚시하고 돌아오는데
강촌에 달 떨어지고 사립문 닫혀 있네.

소나무에 바람 일고 학은 꿈꾸며 한가한데
갈대숲에 비 내리고 갈매기 잠들어 조용한 낚시터.
그물 내려 타오르는 등불에 아이는 점점 달아오르네.
줄풀 태워 게집을 찾아줄 나그네 아주 서툴러
창랑(滄浪)의 늙은이에게 물때가 언제인지 묻지를 않으랴,
삿대 저으며 석양이 빛나기를 기다리네.

○ **其六**

五曲山高水又流　　數聲欸乃滿江秋
魚燈耿滅波成市　　蜃彩青紅海起樓
明月都輪三疊帆　　淸風滿載一虛舟
龍淵鯨窟閑來往　　打舷而歌任所遊

(韻字 : 七律 '尤' 韻 - 流, 秋, 樓, 舟, 遊)

○ 여섯째

다섯째 곡, 산은 높고 물은 흘러가는데
어기여차 소리 강 가득히 가을이네.
고기잡이 등불 깜박이고 물결은 출렁이어
무지갯빛 울긋불긋 바다에 신기루 이루네.
달은 둥근 바퀴같이 밝은데 세 겹의 돛단배
맑은 바람 빈 배에 가득 실려
용연(龍淵)의 고래굴로 한가히 오가며
뱃전 두드리며 노래 부르며 놀고 있네.

○ **其七**

六曲蒼屏繞碧彎　　松濤暗暗水潺潺

煙霞可謂囂塵外　　泉石方知別世間
杏樹壇邊人去久　　桃花源裡客來閒
柳橋春酒穿魚換　　日與樵兄往復還

(韻字 : 七律 '刪' 韻 ㅡ 彎, 潺, 間, 閒, 還)

○ 일곱째

여섯째 곡, 푸른 병풍 두른 물가에
소나무 그늘 드리운 물결 어둑어둑, 물은 잔잔하여
연하(煙霞)는 시끄러운 세상 밖이라,
샘과 돌은 별천지일세.
은행나무 단(壇)가엔 사람 다닌 흔적 오래고
무릉도원 속에 온 나그네 한가롭네.
버들 우거진 다리 가에 봄술 마시고 고기꿰미와 바꾸어
나무꾼들과 날마다 오고 가네.

○ **其八**

七曲溪深漸入嘉　　杳然流水落來花
金莖紫艸看蓬島　　玉井紅蓮訪太華
十勝名區閑日月　　三淸別界好煙霞
虛心洗盡囂塵累　　認是仙緣不我遐

(韻字 : 七律 '麻' 韻 ㅡ 嘉, 花, 華, 霞, 遐)

○ 여덟째

일곱째 곡, 계곡 깊이 들어가면 점점 아름다워
먼 데서 흐르는 물 따라 떠내려온 꽃잎
금빛 줄기 푸른 풀 우거진 봉도(蓬島)를 보니
옥정(玉井)의 붉은 연꽃, 태화산(太華山)을 찾은 듯

십승(十勝) 이름난 곳 한적한 세월
삽청(三淸)의 별세계 안개 좋아라.
허심히 시끄러운 속세의 먼지 모두 씻어내
이것이 선연(仙緣)인가 하여 멀리 떠나지 못하네.

○ **其九**

八曲紗羅落照峰　　孤城紅斂翠煙重
葉疎細雨難留竹　　花老香風不動松
地近滄洲來問道　　山連雲谷去談農
春桃藏得仙源路　　肯使漁朗再到逢

(韻字 : 七律 '冬' 韻 – 峰, 重, 松, 農, 逢)

○ 아홉째

여덟째 곡, 해 떨어지는 사라봉(紗羅峰)
외로운 성 붉게 물들어 푸른 안개 자욱하네.
잎 성긴 대나무 가랑비 뿌려도 대나무 스쳐가기만
지는 꽃 향기로운 바람에 움직일 줄 모르는 소나무
땅은 창주(滄洲) 가까워 도(道)를 물으러 왔다가
산과 골짜기에 구름 짙어 농사얘기 하다 가네.
선원(仙源)길엔 봄 복숭아 감춰 있을 테니
어부를 시켜 다시 가면 알 수 있을까.

○ **其十**

九曲將終不見人　　數峰青出暮江濱
壺氷淡白無瑕玉　　水月青出不染塵
半世忘機鷗鷺渚　　百年知己鶴猿隣

爲君歌罷滄洲棹　遇遯先生樂道眞

(韻字 : 七律 '眞' 韻 — 人, 濱, 塵, 隣, 眞)

○ 열째

아홉째 곡, 끝내 사람 보이지 않고

몇 개 산봉우리 저녁 강머리에 푸르스름히 솟아 있어.

얼음병처럼 담백하여 옥에 티 하나 없고

물과 달, 맑게 비어 때 묻지 않았네.

반평생 세상사를 잊고 갈매기며 따오기와 물가에서

백년지기(百年知己)로 학과 원숭이와 이웃하네.

그대를 위한 노래 그치고 창주(滄洲)로 배 띄우니

우둔(遇遯) 선생 참으로 도(道)를 즐겼음이러라.

---

* 金浹 著(金益洙 譯), 『老橘詩集』(濟州文化院, 2000), 187~196쪽.

【추임새】

백호(白湖) 임제(林悌)가 선조 10년(1577), 제주를 찾았다가 '취병담(翠屛潭)' 이라는 오언율시의 시를 남긴 이후 수많은 사람들이 용연을 거쳐 가면서 이곳을 소재로 한 많은 시문과 유람기록들을 남겨놓았다. 내용은 차치하고서라도 시의 분량 면에서 이처럼 길게 노래한 시문의 경우는 노귤(老橘) 김협(金浹 ; 1829~1894)의 연작시 '병계도가(屛溪棹歌)' 가 처음이다. 흡사 율곡(栗谷) 이이(李珥)의 「고산구곡담(高山九曲潭)」이나 퇴계(退溪) 이황(李滉)의 「도산십이곡(陶山十二曲)」, 그리고 고산(孤山) 윤선도(尹善道)의 「어부사시사(漁夫四時詞)」 등을 연상케 한다.

이 시의 제목 중 '병계(屛溪)' 라 함은, 이형상(李衡祥) 목사가 취병담에서의 뱃놀이를 '병담범주(屛潭泛舟)' 라 지칭했듯이 '취병담 계곡' 을 줄여 '병계' 로 지칭한 듯하다. '도가(棹歌)' 란 엄밀히 이야기하면 '돛대의 노래' 로서, 뱃노래인 셈이다.

'취병담 계곡에서의 뱃노래!'

제목만 얼른 봐서는 이 시의 전반적인 내용이 뱃사공이 노를 저으며 부르는 노래라고 착각하기 쉽다. 그러나 시의 흐름을 자세히 들여다보면 뱃사공이 노래하기에는 격에 어울리지 않는 시상(詩想)이 전개된다. 그래서 '도가(棹歌)' 보다는 '병계(屛溪)' 에 더 초점이 맞춰져 지어진 시일 것이라고 성급한 예단을 내릴 수도 있다. 그렇지만 이 시를 '도가(棹歌)' 라고 할 만한 근거가 전혀 없는 것은 아니다.

이 시의 전반적인 분위기는 흡사 중국 전국시대 초(楚)나라의 '굴원(屈原)' 이 지은 '어부사(漁父辭)' 를 떠올리게 한다.(※ 이 책의 〈부록〉 굴원의 「어부사」 참조) 실제로 이 시에는 굴원의 '어부사' 중 일부의 내용이 포함되어 있기까지 하다. 바로 '어부가 돛대를 두드리며 부른 노래' 로서 옮기면 다음과 같다.

"창랑의 물 맑거들랑 갓끈을 씻으리라. 창랑 물 흐리거든 내 발을 씻으리라.[滄浪之水淸兮 可以濯吾纓 滄浪之水濁兮 可以濯吾足]"

이 시 '병계도가' 에서 작자는 셋째 수, 넷째 수, 다섯째 수에 연이어서 굴원의 '어부사' 중 창랑(滄浪)의 고사를 인용하고 있다. 심지어 자신을 마치 그 '어부사' 중의 어부로 여겨 창랑의 노인[滄浪叟]이라 빗대어 표현하고 있을 정도이다.

결국 이 시를 통해 작자가 의도하는 바는 대강 이렇게 짐작된다. 아마도 작자 자신은 굴원의 '어부사' 에 나오는 어부처럼 세상에 지혜로운 화두를 던지는 사람으로 남고 싶고, 그 어부가 창랑(滄浪)의 노래를 불렀듯이 자신도 그런 뱃노래를 부른다. 결국 이 시의 제목 '병계도가(屛溪棹歌)' 가 의도하는 바는 '취병담(翠屛潭)의 계곡[屛溪]' 을 창랑의 물[滄浪之水]에, '돛대의 노래(棹歌)' 는 어부가 돛대를 두드리며[鼓枻] 부르는 '노 젓는 노래[欸乃歌]' 로 빗대어 그런 의미에서 붙여진 '취병담의 뱃노래' 인 셈이다.

이 밖에도 이 시에 나타난 작자의 취향은, 도화원(桃花源)(7수)을 언급한 점으로 미루어 도연명(陶淵明)을, 水潺潺(수잔잔)(7수)이란 표현에서는 春來幽谷水潺潺(춘래유곡수잔잔)이라는 시구를 남긴 소동파(蘇東坡)를, 杳然流水(묘연유수)(8수)라는 시구에서는 桃花流水杳然去(도화유수묘연거)라고 한 이태백(李太白)의 시를 떠올리게 한다는 점에서 작자의 시문 섭렵의 영역이 다양했음을 간접적으로 드러낸다 할 것이다.

한편 이 시의 주요 소재로 위치하는 '용연' 을 그 대상으로 설정해 시상을 전개시키면서도 용(龍)이나 혹은 용두암과 관련한 어떤 신비로운 표현들이 언급될 법도 한데 단지 '용연경굴(龍淵鯨窟)' 이라는 단 한번의 소개로만 그치고 있음도 주목할 만하다. 아마도 이곳을 두고 작자는 '용연' 보다는 이 시의 제목이 시사하듯이 '취병담' 의 의미를 더 강조해 접근한 결과가 아닌가 여겨진다.

이 시를 처음 번역해 소개한 향토사학가 김익수(金益洙) 선생의 말을 빌리면, 『노귤시집(老橘詩集)』은 '일백 년 내외의 제주문인들이 어떻게 자연과 서정을 표현했는지를 음미할 수 있는 제주 최후의 한문시집' 이라고 했다. 선인들의 행적이 그저 존경스러울 뿐이다.

20. 신홍석(愼鴻錫)의 『화암시집(禾菴詩集)』(일제강점기)

○ **龍淵夜泛(一)**

澤國風流興不孤　滿天明月客相呼
波間魚鼈渾幽寂　淡趣脩然回指鳧

(韻字 : 七律 '虞' 韻 – 孤, 呼, 鳧)

○ 용연야범(1)

연못의 풍류(風流) 흥 일어 외롭지 않아,
하늘에 달빛 가늑하여 나그네 불러 모여.
물 속 고기떼들 온통 깊이 들어가 적막한데,
자유롭게 담백한 기분으로 물새를 돌아보고 가리켜보네.

○ **龍淵夜泛(二)**

龍淵不覺五更長　學士清遊樂未央
玉笛聲飛風浩蕩　盡旗影動月清凉
帆頭石立高低勢　水面天開上下光
想憶蘇仙遊赤壁　美人西望倚蘭檣

(韻字 : 七律 '陽' 韻 – 長, 央, 凉, 光, 檣)

○ 용연야범(2)

용연(龍淵)에서 새벽토록 오랜 줄 모르고,
학사(學士)의 청유(淸遊) 즐거움 다하지 못해.
옥피리소리 흐르는데 바람은 크게 불어,
깃발 그림자 흔들리는데 달빛 맑고 차가워라.
뱃머리 끝에 돌들이 높게도 낮게도 서있고,

수면과 하늘 위 아래로 트여 달빛 어려.
소선(蘇仙)의 적벽(赤壁)에서의 놀이를 생각나게 하고,
미인(美人)은 돛대에 기대어 서쪽을 바라보네.

---

* 愼鴻錫 著(金益洙 譯), 『禾菴詩集』(濟州文化院, 2000), 275쪽, 385쪽.

【추임새】

이 책의 저자 화암(禾菴) 신홍석(愼鴻錫 ; 1850~1920)은 19세기 말 자신의 고향 화북(禾北)을 거점으로 활발한 시작(詩作) 활동을 펼치면서 일제강점기에 활약한 제주문인 중의 한 사람이다. 귤림서원(橘林書院)의 강장(講長)을 역임하는 등 그의 문하에서 많은 문사(文士)들을 배출시키기도 했다. 자신의 아호를 '화암(禾菴)' 이라 함은 바로 자신의 거처인 '화북(禾北)의 암자(庵子)' 란 의미에서 따온 것으로 이 책 서문(序文)에서는 밝히고 있다. 그의 한시 작품 2백여 수(首) 가운데 일부를 묶어 1934년에 일차 세상에 내놓은 게 바로 이 『화암시집(禾菴詩集)』이다.

위에 인용한 두 편의 시는, 이 책에서 영주십경(瀛洲十景)을 소재로 한 시들과 함께 소개되고 있는 것 중의 '용연야범(龍淵夜泛)' 을 노래한 것이다. 시의 내용에서도 밝히고 있다시피, 이 시의 전체적인 흐름은 송대(宋代) 소동파(蘇東坡)의 '적벽부(赤壁賦)' 에서 많은 영향을 받아 씌어진 것으로 보인다.(※ 이 책 〈부록〉의 「적벽부(赤壁賦)」 참조)

특히 위의 칠언율시의 내용을 보면, 작자는 용연에서 직접 뱃놀이를 즐기며 새벽까지 놀았던 것으로 짐작된다. 자신들의 이런 용연 뱃놀이를 '학사청유(學士淸遊)' 라고 표현했다. 이른바 '글 배우는 선배들의 고상한 놀음' 이라고나 할까. 달 밝은 밤 용연에 배를 띄워 피리를 불고, 시를 지어 노래하며 술을 마시면서 자연의 절경에 흠뻑 젖어든 모습이 역력하다.

이 시의 마지막 행의 '美人西望倚蘭檣(미인서망의난장)' 은 바로 소동파의 '적벽부' 에서 뱃전을 두드리며 부르는 노래로 소개된 내용 중 일부이기도 하다. 그 노래가 '적벽부' 에선 이렇게 되어 있다.

"계수의 노질이며 목란의 돛대로다. 공명(空明)을 치며 유광(流光)을 거스른다. 아득한

내 생각이여 하늘 한끝에 미인을 그리도다.[桂棹兮蘭槳 擊空明兮泝流光 渺渺兮余懷 望美人兮天一方]"

본래 소동파가 적벽강에 배를 띄운 날은 송(宋)의 신종(神宗) 5년(1082) 7월 16일[壬戌之秋七月旣望]이다. 여기에서 '기망(旣望)' 이라 함은 보통 음력 16일을 지칭하는 말이다. '기(旣)' 는 이미 지났다는 뜻이고 '망(望)' 은 보름을 뜻하기에 보름이 지난 날, 즉 16일이 기망(旣望)이 되는 것이다. 음력 7월 16일, 달 밝은 밤에 용연에서 행해지는 뱃놀이를 두고 '기망(旣望)놀이' 라고 했던 사례는 곧 소동파의 '적벽부' 에서 유래한 것임을 알 수 있다. 이를 달리 표현하면, 곧 '용연야범(龍淵夜泛)' 인 것이다.

용연계곡의 형세가 바로 적벽(赤壁)을 닮았고, 또한 배를 띄워 놀 수 있는 자연 공간적 여건도 마련되어 있다. 더구나 당시 적벽부를 쓰던 소동파의 위치는 천자를 비방한 이유로 황주로 유배되어 와 살던 처지가 아니던가. 이런 몇 가지 점들을 상기해볼 때, 용연 이곳은 특히 제주에 부임한 지방관리나 혹은 유배인들에게 주요 관심의 대상이 되어 자주 찾게 만들었으며, 또한 그런 의미에서 소동파의 '적벽부' 는 마치 자신들의 처지를 대변하기라도 하듯이 씌어진 글이란 인식을 심어주면서 자주 인용되었을 것으로 짐작된다.

21. 홍종시(洪鍾時)의 '범주달야(泛舟達夜)' (일제강점기)

○ **研農 洪鍾時 '泛舟達夜'**

指點龍淵泛波舟　小焉月出岸東頭
今宵却憶東坡老　古事相傳赤壁秋
渺如一粟人安在　惝閱三桑水自流
願君共得千壺酒　酒不空時達夜遊

(韻字 : 七律 '尤' 韻 – 舟, 頭, 秋, 流, 遊)

○ 연농 홍종시의 '범주달야'

저기 용연 연못에 배를 띄우니,
잠깐 사이에 동쪽 언덕으로 달이 떠올랐네.
오늘밤 문득 소동파(蘇東坡)가 떠오르고,
서로 고사를 얘기하며 적벽시대로 돌아갔네.
넓은 세상 하찮은 존재지만 어디엔가 인간은 살고,
끝없이 아득한 세월 속에서도 물은 스스로 흐르고 있네.
그대와 더불어 바라던 천동이 술을 얻었으니,
술은 남아 있는데 밤은 새었네.

---

* 濟州濡脈六百年史編纂委員會 編, 『濟州의 儒學關係資料와 詩文選』(濟州濡脈六百年史編纂委員會, 2000), 395쪽.

【추임새】

연농(硏農) 홍종시(洪鍾時 ; 1857~1936)의 이 시 또한 용연의 뱃놀이를 노래하면서 소동파(蘇東坡)의 '적벽부(赤壁賦)' 를 회상하고 있다. 아마도 이 시의 5행과 6행의 표현이 이 시의 절정을 이루고 있는 부분이 아닌가 여겨진다.

"넓은 세상 하찮은 존재이지만 어디엔가 인간은 살고, 끝없이 아득한 세월 속에서도 물은 스스로 흐르고 있네.[渺如一粟人安在 惚閱三桑水自流]"

아마도 이 표현은 '적벽부'에 나오는 문장 중 다음의 표현에서 시사를 받은 듯하다. '천지의 하루살이요, 창해의 일속이라[蜉蝣於天地 滄海之一粟]' 즉 인간의 삶이란 장구한 세월 속에 사는 하루살이에 불과할 뿐이요, 그 존재란 다름 아닌 넓은 바다 가운데 한 개의 좁쌀만 하다는 의미이다. 본래 소동파의 '적벽부'에 흐르는 큰 흐름이, 바로 '천지(天地)의 장구(長久)함과 인생과 삶의 짧음을 서로 대비시키면서 아울러 자연의 아름다움에 대한 환희와 감동을 읊음'임을 상기할 때, 이 시의 표현 역시 그런 분위기를 차용하고 있다고 보인다.

그리고 이 시의 대미를 장식하고 있는 마지막 8행 또한 그 대비의 수법이 절묘하다. 즉 '술은 남아 있는데 밤은 새었네[酒不空時達夜遊]'라 한 것이다. 이는 마치 '술동이 비지 않았거든 날이나 새지 말지' 하고 시조시를 읊조리는 듯하다.

우리나라 사람들은 유독 소동파(蘇東坡)를 좋아했던 것 같다. 이미 고려시대부터 소동파의 문장을 모방해 썼다는 기록이 있고, 심지어 과거시험에까지 소동파의 문장을 모르면 낙방하던 때가 있었다고 한다. 소동파의 가문은 문장으로도 일가를 이뤄 삼부자(三父子)가 모두 과거에 합격해 동시에 관(官)에 진출하는 기록을 세우기도 했는데, 그래서 세상 사람들로부터 이른바 '삼소(三蘇)'라는 별칭을 얻기도 했다. 이들의 문장을 가장 많이 떠받들었던 이들 중의 한 사람이 『삼국사기(三國史記)』를 저술한 김부식이다. 오죽하면 자신의 이름자에 '소식(蘇軾)'의 '식(軾)'자를 따서 김부식(金富軾)이라 했으며, 자신의 동생의 이름마저 소동파의 아우인 '소철(蘇轍)'의 '철(轍)'을 따서 김부철(金富轍)이라고 지었을까.

참고로 적벽(赤壁)은 현재 중국에 두 곳에 소재하고 있는 것으로 알려져 있다. 소동파(蘇東坡)가 적벽부를 지은 곳은 후베이성(湖北省) 황강현(黃岡縣) 성 밖에 있는 명승지이고, 다른 하나는 후베이성(湖北省) 자위현(嘉魚縣) 양쯔강(楊子江) 연안에 있는 땅으로서 이곳은 삼국(三國)시대에 적벽전(赤壁戰)이 벌어졌던 곳으로 알려져 있다.

22. 김문주(金汶株)의 『농은문집(農隱文集)』(일제강점기)

○ **(龍淵)**

龍頭岩上龍淵在　　水色澄淸不測深
若使潛龍施迭化　　人間去作洒甘霖

＊ 龍頭岩 : 在州城西門外

(韻字 : 七律 '侵' 韻 — 深, 霖)

○ (용연)

용두암 위쪽에 자리한 용연,
물 색깔 청징(淸澄)하고 깊이는 헤아릴 수 없네.
잠긴 용 갈마들어 오르게 하고 나면,
사람의 정성으로 감미로운 장맛비 뿌려진다네.

＊용두암은 주성(州城) 서문 밖에 있다.

○ **龍淵夜泛** (一)

川下有深淵　　神龍護萬年
潮漲纔通海　　風淸可入船
抱月吹簫節　　溯流打鼓鼙
潛蛟與栖鶻　　或舞又飛旋

(韻字 : 七律 '先' 韻 — 淵, 年, 船, 鼙, 旋)

○ 용연야범 (1)

내 끝에 있는 깊은 연못,
신룡(神龍)이 오랜 세월 보호해왔네.
바닷물 불어나 겨우 바다와 통하고,

바람 서늘한데 배도 들어올 수 있다네.
달을 안고 부는 피리, 그 절주(節奏) 따라
물을 거슬러 가며 두드리는 북소리 요란하네.
잠긴 교룡(蛟龍)과 서식하는 산비둘기,
춤추는가 싶더니 날갯짓 선회(旋回)하네.

○ **龍淵夜泛** (二)

巨川中斷作深淵　月滿潮生可泛船
吹簫惹起潛蛟舞　歌棹驚飛捿鷺眠

(韻字 : 七律 '先' 韻 – 淵, 船, 眠)

○ 용연야범 (2)

큰 내가 흐르다 멈춰 깊은 못 이뤘네.
보름달 떠 만조가 드니 뱃놀이 할 수 있어
젓대소리에 잠긴 교룡(蛟龍) 일어나 춤추게 하고
노 젓는 소리에 잠든 해오라기 놀라 일어 날아가네.

○ **龍淵夜泛** (三)

龍頭巖上在龍宮　合氣双龍爭巨雄
地秘天藏山窟闢　川回水稜海潮通
斷岸沒空模赤壁　微波不起揖淸風
蘇仙去後江中月　應是千秋與我同

(韻字 : 七律 '東' 韻 – 宮, 雄, 通, 風, 同)

○ 용연야범 (3)

용두암 위쪽에 자리한 하나의 용궁,

기운을 모운 쌍용이 자웅을 겨룬다네.
땅이 숨기고 하늘이 감춰 산굴이 처음 열렸을 때,
내는 물언덕 휘감아 돌며 바닷물로 통하였네.
깎아지른 언덕 빈틈없이 적벽(赤壁)을 본떴는데,
미세한 파도도 일지 않고 청풍을 맞아들이네.
소동파(蘇東坡) 신선 떠나간 후 강 가운데 달은,
응당 천년세월 나와 더불어 벗하리라.

＊ 金汶株 著, 『農隱文集』(筆寫影印本)(北濟州文化院, 2004), 14쪽, 58쪽, 61쪽, 73쪽 참조.
＊ 위에 인용한 원문(原文)의 우리말 풀이는 필자의 졸역(拙譯)임.

【추임새】

농은(農隱) 김문주(金汶株 ; 1859~1935)의 시문을 모아 영인본으로 엮은 『농은문집(農隱文集)』에는 '용연(龍淵)' 과 관련된 시가 모두 4수나 수록되어 있다. 위의 제1수로 소개하는 시에만 시제(詩題)가 없고 나머지 3수는 모두 '용연야범(龍淵夜泛)' 이란 제목을 달아놓았다. 위에 인용한 첫 번째의 시는 본래 시제가 붙지 않았지만 전반적으로 용연을 노래하고 있다. 이 시에 굳이 표제를 달지 않았던 까닭은 아마도 습작의 의미로 지어졌던 시이기에 그랬을 것이라고 추측된다. 실제로 위 첫 번째 시의 '龍頭岩上龍淵在(용두암상용연재)' 란 시구가 네 번째의 시에서는 '龍頭巖上在龍宮(용두암상재용궁)' 으로 바뀌어 표현되고 있는 점을 주목해볼 때 그런 느낌이 들게 한다.

위의 시들의 공통적인 특색은 시상의 전개가 철저히 용연(龍淵)에다 초점을 맞추고 있다는 점이다. 요컨대 위의 모든 시에 공통적으로 용(龍)이 등장하고 있다.

첫째 수에서는 '잠룡(潛龍)' 이다. 가뭄에 기우제를 올리면 이 잠룡이 반가운 장맛비를 내리게 한다는 속설을 바탕으로 설정하고 있다. 아울러 용연의 위치, 물 색깔의 청징함 등을 언급하고 있다.

두 번째 수인 용연야범(1)에서는 신룡(神龍)과 잠교(潛蛟)이다. 즉 연못을 지키는 신령스런 용과 북소리 피리소리에 맞춰 춤을 추는 교룡(蛟龍)을 내세우고 있다. 아울러 달을 안고 부는 피리소리의 장단과 물을 거슬러 가며 울리는 북소리의 대비를 통해 용연의 뱃놀이를 상징적으로 묘사하고 있다.

세 번째 수인 용연야범(2)에서도 역시 '잠교(潛蛟)' 이다. 뱃놀이 하며 부는 피리소리는 잠자던 교룡을 깨워 춤추게 하고, 노 젓는 어부의 노랫소리는 잠든 해오라기마저 놀라 일어나 날아가게 한다는 내용이다.

네 번째 수인 용연야범(3)에서는 '쌍룡(双龍)' 이다. 아마도 두 개의 용두암을 빗대어 그렇게 표현한 것으로 보인다. 흥미롭게도 이전의 기록인 이익태 목사의 「탐라십경(耽羅十景」 중 '취병담(翠屛潭)' 의 그림이나, 이형상 목사의 『탐라순력도(耽羅巡歷圖)』 중 '병담범주(屛潭泛舟)' 의 그림에도 두 개의 '용두암(龍頭巖)' 이 실제로 그려져 있었다. 그런데 이처럼 시문(詩文) 중에 쌍룡(雙龍)을 언급함은 처음인 셈이다. 용연을 용궁(龍宮)으로 묘사함이나 깎아지른 석벽을 두고 적벽(赤壁)을 본떴다고 표현함은 자못 이 시의 흥취를 더해준다. 그러면서 역시 소동파(蘇東坡)를 끌어들인다. 이 시의 시구 중 微波不起揖淸風(미파불기읍청풍)은 흡사 '적벽부' 의 淸風徐來水波不興(청풍서래수파불흥)을 연상케 한다. 게다가 이 시의 대미는 이렇게 멋지게 장식되고 있다. "소동파 떠나간 후 강 중의 달은, 응당 천년세월 나와 함께 벗하리라.[蘇仙去後江中月 應是千秋與我同]"

한편 이 시의 작자 김문주(金汶株)는 조천 태생으로서 1880년 무과에 급제한 후 명월만호(明月萬戶)(1882)와 정의현감(旌義縣監)(1891) 등을 역임했는데, 그의 가문은 모두 뛰어난 인물들을 많이 배출한 명문가 집안으로 널리 알려져 있기도 하다. 향토사학자 김찬흡(金粲洽) 선생의 표현을 빌리면 이른바 '벌문(閥門)' 출신이다.

용연을 직접 소재로 삼아 시상을 전개시켜 나가면서, 특히 용연에 '잠긴 교룡[潛蛟]' 을 일으켜 세워 춤추게 만들었음을 소개하는 이 시야말로 신비로운 용연의 정경을 멋지게 잘 담아내고 있다 할 것이다.

23. 김석익(金錫翼)의 「탐라지(耽羅誌)」(일제강점기)

⊙ '形勝' 條 ('형승' 조)

○ **龍淵**

在州西二里卽大川之入海口也左右石壁屛揷水深無底而色深綠故亦名翠屛潭其中逶迤窈窕可以棹舟供賞而每歲七月旣望泛舟於此乃海外之赤壁也俗傳神龍潛處旱則禱雨有應云

○ 용연 : 주(州) 서쪽 2리에 있다. 즉 한내가 바다로 들어가는 입구다. 좌우로 석벽이 병풍을 쳐놓은 듯하고, 물은 깊어 바닥이 없고 색깔은 짙은 녹색을 띠기에 이름하여 일컫기를 취병담이라 한다. 그 중에 구불구불 가는 모양, 아름다움은 가히 노를 저으며 뱃놀이를 할 만하다. 아울러 매해 칠월 기망일(음력 7월 16일)에는 이곳에 배를 띄워서 놀이를 즐긴다. 이곳은 이른바 해외의 적벽(赤壁)이라 할 것이다. 전해오는 이야기로 이곳은 신비로운 용이 잠겨 있는 곳이라 가뭄에 기우제를 올리면 효험이 있다 한다.

○ **林悌 詩**

城西只數里　有峽淸而奇
石爲白玉屛　潭作靑琉璃
岸上幾叢竹　蕭蕭海風吹
偏舟依桂棹　吟玩歸遲遲

(韻字 : 五律 '微' 韻 ㅡ 里, 奇, 璃, 吹, 遲)

○ 임제 시

성 서쪽의 몇 리 밖에
협곡 하나 청아하고 기이하다

바위는 둘러 백옥병풍

못은 파란 유리잔

언덕 위의 몇 무더기 대숲

해풍이 불어 소소한데

일엽편주 계수나무 노에 기대어

노래하며 즐기다 천천히 돌아가세

○ **龍頭巖**

在州西三里盤石斗起入海形如龍頭左右輔似顴角而巉嵒瑰奇如鬼斧鑿成眞造化之奇迹也上稍平衍如坮墠可坐百人

○ 용두암 : 주(州) 서쪽 3리에 있다. 반석(盤石)이 돌출되어 바다로 들어가 있고, 그 모습이 용머리[龍頭]와 같다. 그 좌우로 뻗침이 마치 광대뼈가 튀어나와 모가 진 듯하고, 가파른 낭떠러지가 진기하고 빼어남이 귀신의 도끼로 깎아놓아 이뤄진 듯하다. 진실로 자연의 조화(造化)가 만들어낸 기이한 흔적이라 할 것이다. 그 위는 조금 평평하여 제단(祭壇)같은 데 사람 백 명 정도는 앉을 수 있다.

○ **林亨秀 詩**

幽窟龍蟠爲擧頭　應耽節制好風流

蒼波日落生新興　綠酒盃深蕩舊愁

穴老毛興雲萬古　灘鳴皇瀆月千秋

使君不是流連飮　爲惜風光却少留

(韻字 : 七律‘尤’韻 ─ 頭, 流, 愁, 秋, 留)

○ 임형수(林亨秀) 시

굴속 깊이 스몄던 용, 머리 내어 치켜들었으니,

목사[節制使]인들 응당 호풍류(好風流)를 탐낼 수밖에.
해 지자 푸른 물결 새로운 흥 일으키니,
잔 가득 푸른 술 부어 묵은 수심 씻어내네.
허물어진 모흥혈(毛興穴)엔 구름 인지 아득하고,
파도치는 한두기[皇犢]엔 천년 세월 달빛이네.
사또님 술독에 빠져 헤어나지 못함 이 아니라,
멋진 풍광(風光) 아쉬워 잠시 머물다갈 뿐이라오.

○ **林悌 詩**

海畔巑岏石　龍頭謾設名
洪濤日夜擊　猶作風雷聲

(韻字 : 五律 '庚' 韻 － 名, 聲)

○ 임제(林悌) 시

바닷가에 우뚝 솟은 바윗돌
용두(龍頭)라 이름 붙임이 아마도 허랑하다.
큰 파도 밤낮으로 내리치는데
오히려 바람이 우레 소리 일으킨다네.

⊙ '山川' 條 ('산천' 조)

○ **大川**

自漢拏山中心發源北流至皇瀆浦入海左右石壁削立如屛中間處有所謂登瀛口卽本土形勝之一也下流之龍淵又海上之赤壁也

○ 한내[大川] : 한라산 중심으로부터 발원하여 북쪽으로 흐르다 한두기포구[皇瀆浦]에 이르

러 바다로 들어간다. 좌우로 석벽(石壁)이 깎아지른 듯 서있고 마치 병풍같다. 중간쯤에 소위 등영구(登瀛口)란 곳이 있는데 본토의 형승 가운데 하나이다. 하류의 용연 또한 해상의 적벽(赤壁)이라 일컬을 정도로 절경이다.

⊙ '島嶼' 條 ('도서' 조)

○ **大甕浦**

在州西二里一名皇瀆浦

○ 대옹포(한두기포구) : 주(州) 서쪽 2리에 있다. 일명 황독포(皇瀆浦)라고도 한다.

---

* 金錫翼 著, 「耽羅誌」『心齋集(권2)』(제주문화사 ; 1990), 205쪽, 210쪽, 214쪽, 353쪽 참조.
* 위에 인용한 원문(原文)의 우리말 풀이는 필자의 졸역(拙譯)임.

【추임새】

심재(心齋) 김석익(金錫翼 ; 1885~1956)의 「탐라지(耽羅誌)」에 실린 용연 관련 기록은 이제까지 나온 읍지류(邑誌類)의 다른 기록들보다 비교적 상세하고 그 내용도 길다.

먼저 이 책의 '형승(形勝)' 조에서 용연과 용두암을 소개하고 있는데, 이것들과 관련된 시로서 임제(林悌)의 시 취병담(翠屛潭)과 용두암(龍頭巖)을, 임형수(林亨秀)의 시 용두암(龍頭巖)을 아울러 각각 소개하고 있다.

용연에 대한 설명은 간결하면서도 요점을 정확히 들어 표현하고 있다. 즉 용연은, 한내가 바다로 들어가는 입구라는 점, 좌우 석벽이 병풍을 쳐놓은 듯하고 바닥이 안 보일 정도로 물이 깊고 물색깔이 녹색을 띠기에 취병담으로 부른다고 한 점, 뱃놀이를 즐기기에 적합한 곳이어서 매해 칠월기망(七月旣望)에 그런 풍습이 있고, 그래서 이곳이 '해외의 적벽(赤壁)' 이라고 설명한 점, 가뭄에 기우제를 올리는 곳이라고 설명한 점 등이 그렇다.

한편 이제까지 문헌에 전해 내려오는 용연 관련 기록 가운데 시문으로서는 남상(濫觴)이기도 한 임제의 시 '취병담'을 용연의 대표적인 시로 소개하고 있다. 그런데 이 시의 시구 城西只數里(성서지수리) 중 城西(성서)는 본래 임제의 시에 城南(성남)으로 되어 있던 것인데 아마도 용연의 지리적 위치를 고려해 성서(城西)라고 바꿔놓은 것으로 짐작된다.

용두암을 설명하고 있는 부분은 더욱 사실적이면서도 정치(精緻)하다. 가파른 낭떠러지가 진기하고 빼어나서 마치 귀신의 도끼로 깎아낸 듯하다고 하면서 이런 자연의 조화(造化)에 감탄을 연발하고 있기도 한다.

그리고 이 책의 '산천(山川)' 조에서는 한내[大川]를, '도서(島嶼)' 조에서는 한두기포구[大甕浦, 혹은 皇瀆浦]를 각각 설명하고 있다. 한라산 중심에서 발원한 한내[大川], 그리고 중간쯤에 등영구(登瀛口 ; '登瀛邱'의 착오로 보임)가 있음을 설명하고, 이어서 이 내의 끝에 용연(龍淵)이 있음을 밝히면서 아울러 한두기마을[皇瀆浦]을 언급하고 있다. 여기에서 주목을 끄는 것은 한두기마을의 한자어 표기를 皇瀆浦(황독포)로 하고 있다는 점이다. 이는 아마도 임형수의 '용두암' 시구 중 '灘鳴皇瀆月千秋(탄명황독월천추)'의 '皇瀆(황독)'이 '한두기'를 나타낸다는 사실을 염두에 두어 그렇게 표현한 것으로 짐작된다. 아울러 '산천' 조에서는 한두기포구를 대옹포(大甕浦)로 소개하면서 일명 황독포로도 한다고 부기하고 있다. 결국 이제까지 한두기포구를 뜻하는 한자어 표기들을 출처와 함께 모아보면, 황독포(皇瀆浦 ; 임형수, 김석익), 독대포(獨大浦 ; 김상헌), 대독포(大瀆浦 ; 이증, 이익태, 이형상), 대옹포(大瓮浦 ; 이원진, 한억증, 이원조, 김석익) 등과 같이 다양하게 나타난다.

김석익의 「탐라지」의 용연 관련 기록은, 지금까지 전해온 여러 읍지의 기록들을 총괄적으로 포함하면서도 자신의 독특한 관찰력을 통해 얻은 느낌까지 부기함으로써 용연에 대한 정확한 정보를 제공하고 있다는 느낌을 선사한다. 다만 용연, 용두암과 관련된 시들의 소개에 있어서 임제와 임형수의 작품만을 꼽아 대표적으로 소개하고 있음은, 이들 시들의 공통적인 특징이 용연과 용두암을 소재로 해 읊은 최초의 시 작품들이란 점에 주목해 그렇게 선택한 것으로 이해된다.

김석익의 이 「탐라지」는, 지난 1990년 7월 제주향교 행문회(杏文會)에서 발행한 『심재집(心齋集)』 2권 중 제2권에 수록되어 있다. 이 책에는 그의 유명한 저술인 「탐라기년(耽羅紀年)」을 포함해 다양한 시문들과 제주 관련 사료들이 소개되고 있기도 하다. 이처럼 방대한 양의 저술활동을 펼친 저자의 이런 노력은 실로 제주 향토사 연구에 한 획을 그어 놓았다고 할 정도로 비중 있게 평가받고 있기도 하다. 책명을 『심재집』이라 함은 저자의 아호가 심재(心齋)이기에 붙여진 것임이 자명하다. 한 사람의 아호가 곧 그 사람의 성품을 담아 대변하는 것이라고 본다면, 『심재집』은 바로 그러한 정신을 학문적 연구 활동으로 승화시켜 얻어낸 찬란한 결실인 셈이다.

참고로 '심재(心齋)' 란 말의 어원은 본래 중국의 고대 사상가 장자(莊子)가 제창한 수양법의 하나로서 '심신 일체의 경지에서 마음의 일체의 더러움을 씻는다' 는 의미를 갖는 말로 익히 알려져 있다. 『장자(莊子)』의 '인간세(人間世)' 편에 나오는 '심재(心齋)' 란 표현은, 이 책 '대종사(大宗師)' 편의 '좌망(坐忘)' 이란 말과 함께 모든 것을 잊어버린 허(虛)의 상태에서 도(道)와 일체가 됨을 강조함에서 비롯한 것이기도 하다. 비록 '심재와 좌망' 을 언급한 대화의 상대자가 그 책에서는 공자(孔子)와 그의 제자인 안회(顏回)로 되어 있긴 하지만 내면적으로는 장자의 사상을 이들의 대화형식을 빌려서 표현한 것이라고 보는 게 일반적인 학설이기도 하다.

24. 제주도 편, 『미개(未開)의 보고(寶庫) 제주도(濟州島)』(1924)

⊙ 명승고적 (名勝古跡)

○ 용연야범(龍淵夜泛)

제주성(濟州城) 밖 용담리(龍潭里)에 있다. 이 내의 상류는 대천(大川 ; 한내)이라고 일컬어 바다로 향하는 곳으로 수력(水力)은 수십 척의 암벽을 종단(縱斷)하여 여기에 수십 척의 심연(深淵)을 이루고 있다. 냇물은 맑고 깨끗하여 여름 가을에는 양안(兩岸)에 각종 꽃이 만발하여 그야말로 기승(奇勝)의 이름에 어울린다. 풍류의 선비들은 작은 배를 중류(中流)에 띄워 술잔을 기울이고 시음(詩吟)을 하는 즐거움을 만끽(滿喫)할 수 있다. 한여름 밤 편주(扁舟)를 중류(中流)에 띄우면 현악(絃樂)소리는 암벽에 메아리치고 백어(白魚 ; 숭어)는 연못에 뛰놀고 밝은 달이 동산에 떠오르는 등 시심(詩心)을 자아내게 한다.

* 濟州道 編, 『未開의 寶庫, 濟州島』(제주도청, 1997), 28~30쪽.

【추임새】

이 책 『미개(未開)의 보고(寶庫) 제주도(濟州島)』는 일제강점기인 1924년(大正 13年)에 '전라남도제주도청(全羅南道濟州道廳)' 이 발행한 것으로서 본래 원문의 내용이 일본어로 되어 있던 것을 1997년 제주도에서 다시 우리말로 옮겨 재발간한 것이다. 일제강점기에 해당하는 당시의 제주도 도사 겸 경찰서장은 일본인 마에다 젠지(前田善次)다. 그는 1923년 5월에 도임해 1928년 7월까지 약 5년간 재임하는 동안 제주자동차 운수회사와 제주전기회사를 설립했고, 제주항을 개발하기 위해 제주성의 석재를 헐어내기도 했다. 이 책의 서두에 실린 '대정(大正) 12년(1923)의 여름 제주도(濟州島)에서의 영가(詠歌)' 라는 구로이타(黑版) 박사의 시도 눈길을 끈다. 제주도에서 하룻밤 묵으면서 느낀 감회를 읊고 있는 것으로서 '우아한 한라산의 모습, 정다운 제주민의 인심' 을 3연의 시로 표현하고 있다.

위의 글은 이 책의 제2장 지리(地理)의 「부기(附記)」편에 제주의 '명승고적(名勝古跡)' 을 설명하면서 일곱 군데를 선정한 것 중에 세 번째로 꼽힌 '용연야범(龍淵夜泛)' 이다.

참고로 이 책의 '명승고적' 에 소개되고 있는 7개의 절경, 이른바 '일제 강점하의 제주7경(濟州七景)' 을 소개하면 다음과 같다. 즉, (1) 한라(漢拏)의 기봉(奇峰), (2) 삼성혈(三姓穴)의 송풍(松風), (3) 용연야범(龍淵夜泛), (4) 성산기암(城山奇岩), (5) 천제연(天帝淵)의 비폭(飛瀑), (6) 산방산(山房山)의 조망(眺望), (7) 죽도(竹島 ; 遮歸島)의 고전장(古戰場) 등이 바로 그것이다.

비록 위에 언급한 '제주의 7경' 이 현재 전해지고 있는 영주십경(瀛洲十景)과는 많은 차이를 드러내고 있긴 하지만, 당시 사람들에게 제주자연에 대한 관심의 대상이 어떤 것이었나 하는 것을 가늠해 볼 수 있는 소중한 기록이 아닐 수 없다.

용연이 위치한 이곳의 소재지를 '용담리(龍潭里)' 라고 소개함은 지금까지 한두기마을로 불려지던 이름이 행정구역 상 용담리로 바뀌었음을 의미하기도 한다.

'달이 동산에 떠오르는 한여름 밤에 풍류의 선비들이 조각배[扁舟]에 올라 술잔을 기울이며 시를 읊조리는가 하면, 현악기 소리를 내어 용연암벽을 메아리치게 하는 즐거움을 만끽할 수 있는 곳' , 바로 이곳이 당시 사람들에게 비친 용연의 모습이자, 용연야범의 정취였던 것이다.

25. 김두봉(金斗奉)의 『제주도실기(濟州島實記)』(1936)

○ 용연야범가(龍淵夜帆歌)

영구하단(瀛邱下端)용연(龍淵)물에
물빗은청청(淸淸)한데
녯룡은간곳업고
물만흘러바다로
좌우석벽병풍되고
상하천광(上下天光)선명한데
창해(滄海)로벼개삼고
육지(陸地)로누엇도다
수심(水深)은천척(千尺)이오
주위(周圍)는요조(窈窕)한되
장연(瘴煙)은사라지고
명월(明月)은낫과갓다
어룡(魚龍)은적막하고
추강(秋江)은청냉(淸冷)한데
백빈홍료(白蘋紅蓼)는주중(州中)에가득하고
긔화요초(琪花瑤草)는양안(兩岸)에둘너잇다
칠월기망(七月旣望)십육일(十六日)에
소동파(蘇東坡)의본을바다
주악(酒樂)을배에실코
범피중류(泛彼中流)써나가며
예기(藝妓)는춤을추고
소년한량(少年閒良)노래하니
용연(龍淵)도반응(返應)하야
노래를화답는듯

옥우(玉宇)는쟁영(崢嶸)하고

금풍(金風)은소슬(蕭瑟)한데

종일위지소여(縱一葦之所如)하야

심수동천(深邃洞天) 드러가니

의내성중만고심(疑乃聲中萬古心)

별유천지(別有天地)이아니냐

* 金斗奉 著,『濟州島實記』(大阪 : 濟州島實蹟硏究社, 昭和11年(1936)), 51~52쪽.

【어석(語釋)】

* 영구(瀛邱) : '영구(瀛邱)' 는 넓은 의미로 한라산을 의미하기도 하지만 좁은 의미로는 방선문(訪仙門)이 위치한 '들렁귀' 를 지칭함
* 창해(滄海) : 넓고 큰 바다
* 요조(窈窕) : 골짜기가 깊은 모양
* 장연(瘴煙) : 산천의 나쁜 기운의 연기
* 백빈홍료(白蘋紅蓼) : 백빈(白蘋)은 흰 꽃이 피는 부평초(浮萍草), 홍료(紅蓼)는 단풍이 들어 붉은 대만 남은 여뀌
* 기화요초(琪花瑤草) : 선경(仙境)에 있다고 하는 아름다운 꽃과 풀
* 칠월기망(七月旣望) : 음력 7월 16일
* 범피중류(泛彼中流) : 배를 띄워 물 가운데로 나감
* 옥우쟁영(玉宇崢嶸): 옥우(玉宇)는 옥(玉)으로 장식한 집, 쟁영(崢嶸)은 험준하고 가파른 모양
* 금풍소슬(金風蕭瑟) : 금풍(金風)은 가을바람, 오행(五行) 중 금(金)은 가을에 해당함, 소슬(蕭瑟)은 적막하고 쓸쓸함
* 일위(一葦) : 갈대 한 묶음, 즉 작은 배를 뜻함, '종일위지소여(縱一葦之所如)' 는 '한 조각 배를 놓아' 의 뜻
* 심수동천(深邃洞天) : 심수(深邃)는 깊숙하고 그윽함, 동천(洞天)은 산천으로 둘러싸인

경치가 좋은 곳

* 의내성(疑乃聲 → 欸乃聲) : 노 저으며 '어기여차' 하고 내는 소리, 여기에서 '의(疑)'는 '애(欸)'의 오자로 보임
* 만고(萬古) : 오랜 옛적, 오랜 세월을 통해 불변하거나 유례가 없음을 이르는 말
* 별유천지(別有天地) : 인간 세계나 속세에서 벗어난, 신비하고 복된 세상

【추임새】

김두봉(金斗奉 ; 1887~?)의 『제주도실기(濟州島實記)』에 수록된 「용연야범가(龍淵夜帆歌)」는 3·4, 4·4조의 국한문혼용으로 된 가사체의 노래이다. 그 책에 이 노래를 지은 사람이 누구인지 밝히고 있지는 않지만, 아마도 가사의 내용 전개로 보아 상당히 문장력이 뛰어나고, 고문에도 밝을 뿐만 아니라 판소리도 감상할 줄 알았던 호사가(好事家)였을 것으로 추정된다.

우선 이 노래의 가사 중 인용되었을 법한 문구(文句)를 한번 살펴보자.

'옥우(玉宇)는 쟁영(崢嶸)하고, 금풍(金風)은 소슬(蕭瑟)한데'의 표현은 김인후(金麟厚)의 「칠석부(七夕賦)」 중 '金風颯而夕起 玉宇廓而崢嶸(가을 바람이 저녁에 쌀쌀하게 불고, 넓은 하늘이 말쑥하게 빛난다)'에서 따온 것으로 보이는데, 이 표현은 판소리 「심청가(沈淸歌)」에서도 그대로 인용되고 있다. '종일위지소여(縱一葦之所如)'는 소동파의 「적벽부(赤壁賦)」 중 '縱一葦之所如 凌萬頃之茫然(한 조각배를 놓아 만경의 아득함을 업신여긴다)'의 표현 중 바로 앞의 부분을 그대로 옮겨놓았다. 그리고 '범피중류(泛彼中流)', '백빈홍료(白蘋紅蓼)', '의내성중만고심(疑乃聲中萬古心)'은 모두 판소리 「심청가」 중에 사설로 등장하는 표현들이다. 「심청가」 중에 가장 멋지고 어려운 부분 가운데 하나가 바로 심청을 배에 태우고 인당수로 향하면서 부르는 '범피중류(泛彼中流)' 대목이다. 여기에 '백빈주(白蘋洲) 갈매기는 홍료안(紅蓼岸)으로 날아들고' 하는 부분이 있고, 또한 '애내성중만고수(欸乃聲中萬古愁 ; 노질하는 소리 속에 만고의 근심이 들어 있다)'라는 표현도 이어진다. 그리고 '별유천지(別有天地)' 하면 언뜻 이태백(李太白)의 시구 '별유천지비인간(別有天地非人間)'이 떠올려지기도 한다.

이처럼 옛 사람들이 이미 지어낸 훌륭한 문구의 한 구절을 옮겨다 자신의 서정을 대신하여 표현하면서 자신의 학문적 역량을 과시라도 하듯 전개시키면서 상대의 기를 꺾게 만드는 수법을 써왔던 대표적인 장르가 바로 판소리이다. 양반들의 비위를 맞추는 듯, 조롱하는 듯 소리광대들이 넉살좋게 벌이는 소리판의 표현수법으로 이런 방식은 널리 애용되어 왔던 것이다.

이 용연야범가(龍淵夜帆歌)는 이 책에서 영주십경가(瀛洲十景歌)에 이어서 소개되는 것으로서 다음에 이어지는 농부가(農夫歌), 조어가(釣魚歌) 등과 함께 제주의 특색을 잘 담아낸 국한문혼용의 가사체 형식으로 지어진 노래들이다. 아마도 이들 노래가 지어져 불린 시기는 20세기 초반인 일제강점기였을 것으로 추정된다.

'용연야범(龍淵夜帆)' 의 표기에 있어서 '범' 자를 '배 띄울 범(泛)' 이 아닌 '돛대 범(帆)' 을 쓰고 있음도 이색적이다. 아마도 용연뱃놀이에 주로 사용되었던 배가 범선(帆船 : 돛대가 달린 배)이었기에 그렇게 표현했을 것으로 짐작된다.

이 노래의 특색 중 또 하나는 '칠월기망(七月旣望)' 의 뱃놀이가 소동파의 본을 따라 행해진 것이라고 분명히 밝히고 있는 점이다. 아울러 '주악(酒樂)을 배에 싣고, 예기(藝妓)는 춤을 추고, 소년 한량(閑良) 노래하니…' 란 표현에서 나타나듯이 용연의 뱃놀이 형태가 어떤 식으로 진행되었는지 가늠해 볼 수 있는 여러 가지 정보를 이 노래가 제공하고 있음도 주목된다.

※ 참고 : 위의 「용연야범가(龍淵夜帆歌)」는 제주신보사(濟州新報社)에서 1962년에 발행한 『제주도지(濟州道誌)』(제1집)에도 위와 똑같은 내용으로 소개되고 있다.

26. 담수계(淡水契) 편의 『증보탐라지(增補耽羅誌)』(1954)

○ **漢川** : 濟州邑 五羅里에서 發源하야 龍潭里를 經由 入海하고 末流는 大瓮浦가 되다. 下流에 龍湫(龍淵)가 有하니 無底오. 長이 百餘步라. 旱時에 祈雨하면 有驗云.

○ 한내 : 제주읍 오라리에서 발원하여 용담리를 경유해 바다로 들어가고, 내의 끝은 한두기 포구[大瓮浦]가 된다. 하류에 용추(용연)가 있으니 밑이 없고, 길이는 백여 보 정도 된다. 가뭄 때에 비를 기원하면 효험이 있다고들 한다.

○ **龍淵** : 濟州邑 龍潭里에 在하니, 左右石壁이 削立如屛하고, 水深은 不可測이라. 俗傳에 神龍潛處로 旱時에 祈雨하면 有應한다하여 名이라. 或은 翠屛潭이라 稱한다. 每歲 七月 旣望이면 此에 泛舟하여 自娛하니, 이를 瀛洲十二景의 一 龍淵夜泛이라 한다.

○ 용연 : 제주읍 용담리에 있으니, 좌우 석벽이 깎아지른 듯 병풍처럼 서있고, 수심은 헤아리기가 어려울 정도로 깊다. 전하는 풍속에 이곳은 신령스런 용이 잠겨 있는 곳이라서 가뭄이 들 때 비를 기원하면 응함이 있다하여 용연이란 이름이 붙었다. 혹은 취병담(翠屛潭)이라고도 불린다. 매년 7월 16일[旣望]이면 이곳에서 배를 띄워 자기들대로 즐기면서 노니, 이를 영주12경(瀛洲十二景)의 하나인 용연야범(龍淵夜泛)이라 한다.

○ **林悌 詩**

城西只數里　有峽淸而奇
石爲白玉屛　潭作靑琉璃
岸上幾叢竹　蕭蕭海風吹
篇舟依短棹　吟玩歸遲遲

(韻字 : 五律 '微' 韻 － 里, 奇, 璃, 吹, 遲)

○ 임제 시

성 서쪽의 몇 리 밖에
협곡이 있어 청아하고 기이하다.
바위는 백옥 같은 병풍으로 둘러 있고
못은 파란 유리잔이라네.
언덕 위의 몇 무더기 대숲은
바닷바람이 불어와 살랑살랑 나부끼는데
조각배 계수나무 노에 기대어
시를 읊조리며 노닐다 돌아갈 길 더디네.

○ **金熙斗 詩**

日落空州歛夕烟　魚龍不見水淵淵
溯流直至奇岩下　上下皆天一帆懸

(韻字 : 七律 '先' 韻 – 烟, 淵, 懸)

○ 김희두 시

해떨어지자 인적 드문 마을엔 저녁연기 모락모락
어룡은 보이지 않고 물결만 찰랑찰랑
거슬러 흐르다 곧바로 이르러 기암절벽 아래로
위아래 모두 하늘이라 한 돛대 걸려 있네.

○ **(龍頭巖)** : 崖斷處에 大石이 有하야 斗越한 것이 龍頭와 如함으로 名이라. 其上에 登하면 眼界가 豁如하여 龍淵과 浦口漁村을 斜瞰함에 頗佳하다.

○ (용두암) : 벼랑이 깎인 곳에 큰 돌이 있어 우뚝 솟아나온 것이 용머리와 같으므로 그렇게 이른다. 그 위에 오르면 계곡물 흐르듯이 눈앞이 탁 트여 용연과 어촌마을 포구를 옆으로 굽어보아도 매우 아름답다.

○ **林亨秀 詩**

幽窟龍蟠爲擧頭　應耽節制好風流
蒼波日落生新興　綠酒盃深蕩舊愁
穴老毛興雲萬古　灘鳴皇濆月千秋
使君不是流連飲　爲惜風光(却)少留

(韻字 : 七律 '尤' 韻 - 頭, 流, 愁, 秋, 留)

○ 임형수 시

굴속 깊이 스몄던 용, 머리 내어 치켜들었으니,
목사[節制使]인들 응당 호풍류(好風流)를 탐낼 수밖에.
해 지자 푸른 물결 새로운 흥 일으키니,
잔 가득 푸른 술 부어 묵은 수심 씻어내네.
허물어진 모흥혈(毛興穴)엔 구름 인지 아득하고,
파도치는 한두기[皇犢]엔 천년 세월 달빛이네.
사또님 술독에 빠져 헤어나지 못함 이 아니라,
멋진 풍광(風光) 아쉬워 잠시 머물다갈 뿐이라오.

○ **林悌 詩**

海畔巑岏石　龍頭謾設名
洪濤日夜擊　猶作風雷聲

(韻字 : 五律 '庚' 韻 - 名, 聲)

○ 임제 시

바닷가에 우뚝 솟은 바윗돌
용두(龍頭)라 이름 붙임이 아마도 허랑하다.
큰 파도 밤낮으로 내리치는데
오히려 바람이 우레 소리 일으킨다네.

○ **金尙憲 詩**

危巖千仞跨鰲頭　勢引蟠龍飮海流
跌宕遊人聯發興　登臨遷客獨添愁
閬風西去無多地　明月東來度幾秋
一洗胸中九雲夢　酒杯詩筆重淹留

(韻字 : 七律 '尤' 韻 – 頭, 流, 愁, 秋, 留)

○ 김상헌 시

천길 위태로운 바위, 자라 머리 걸터앉혀,
서린 용 끌어낸 기세, 바닷물을 들이켜네.
질탕(跌宕)하게 노는 이들 덩달아 흥에 겨운 듯
꼭대기 오른 외로운 나그네 홀로 수심만 쌓이네.
신선 사는 낭풍산(閬風山)은 서(西)로 가도 많지 않으리,
밝은 달 동에서 돋아온 지 그 몇 해이던고.
가슴 속 신선의 꿈[九雲夢] 한꺼번에 씻어내고파
술잔과 시(詩) 쓸 붓만 번갈아 잡아보네.

○ **金麗錘 詩**

瞻彼潛龍屹擧頭　欲興雲雨半空浮
腹載死生門外石　口含兄弟島邊流
超海中央關畵境　隨潮上下常漁舟
向渠如意邦時得　飛人天衢不在洲

(韻字 : 七律 '尤' 韻 – 頭, 浮, 流, 舟, 洲)

○ 김여추 시

저기 잠용(潛龍)이 우뚝 솟아 고개 쳐든 모습 바라보니
구름 일으켜 비 몰고 올 형세로 반공(半空)에 떠있네.

뱃속에 담아놓은 건 저승굴[死生門] 밖의 돌이요
입가에 머금은 건 형제섬[兄弟島] 주변 따라 흐르는 물이네.
바다 한가운데로 떠나가 바라보면 그림 속의 경지요
조수(潮水)따라 위 아래로 노니는 건 언제나 고깃배라네.
여의주(如意珠) 품을 큰 뜻, 때를 만나 얻을 시면
하늘로 날아올라 바닷가엔 인적조차 드물리라.

---

* 淡水契 編, 『增補 耽羅誌』(프린트물 영인본, 1954), 37쪽, 67쪽, 83쪽.
* 위에 인용한 원문(原文)의 우리말 풀이는 필자의 졸역(拙譯)임.

【추임새】

제주에서 출간된 최초의 지지(地誌)인 이원진(李元鎭)의 『탐라지(耽羅志)』(1653) 이후, 꼭 300년 만에 담수계(淡水契) 편의 『증보탐라지(增補耽羅誌)』(1954)가 발간되었다. 제주 향토사와 관련된 기존의 기록들을 총망라하는 이 책은 실로 방대한 양의 기록을 담고 있다. 예컨대 '관덕정(觀德亭)' 의 경우 그것을 소재로 해 읊은 역대 제주목사 등이 남긴 제영(題詠) 22수를 이 책에서 소개하고 있는 것만 보아도 그 범위가 광대함을 짐작할 수 있다.

위에 인용된 용연 관련 기록들은 이 책의 지리(地理)편 산천(山川)조와 부록에 실려 소개된 내용들이다. 즉 산천조에서의 한천(漢川)과 부록으로 수록된 명소고적(名所古跡)의 항목 중 용연(龍淵), 용두암(龍頭岩)이 바로 그것이다. 아울러 그것들을 소재로 해 지은 시 몇 수를 소개하고 있는데, 용연과 관련해서는 임제(林悌)와 김희두(金熙斗)의 시를, 용두암의 경우 임형수(林亨秀), 임제, 김상헌(金尙憲), 김여추(金麗錘) 등의 시를 소개하고 있다.

한내를 의미하는 한자어 표기가 '한천(漢川)' 으로 되어 있음도 주목을 끈다. 이제까지는 거의 '대천(大川)' 으로만 표기되어 왔던 것인데, 발음상 '한' 의 음가를 내는 '한(漢)' 을 차용하면서 그렇게 표기한 것으로 보인다. 또한 한내를 설명하면서 '오라리(吾羅里)에서 발원하여 용담리(龍潭里)를 경유해 한두기포구[大瓮浦]의 바다로 들어간다' 고 함은 '백록담에서 발원하여 한두기포구로 이어진다' 는 기존의 설명과는 차이를 드러낸다.

용연에 대한 설명은 대체적으로 기존의 표현과 유사하다. 이른바 신룡잠처(神龍潛處), 취병담(翠屛潭), 칠월기망(七月旣望), 용연야범(龍淵夜泛) 등의 표현이 이의 설명으로 언급되고 있는 주요 내용이다. 한편 임제의 시(취병담)를 소개하며 '성서지수리(城西只數里)' 와 '편주의단도(扁舟依短棹)' 라고 한 부분은 임제의 『남명소승(南溟小乘)』에는 '성남지수리(城南只數里)' 와 '편주의계도(扁舟倚桂棹)' 로 되어 있다. 용연을 노래한 또 하나의 시는 김희두(金熙斗 ; 1864~1904)의 칠언절구(七言絶句)이다. 이는 이를 소재로 한 가장 오래된 시(임제) 한 수와 또한 당시 가장 후대의 것(김희두)을 대표적으로 하나씩 선정하여 수록한 것으로 추정된다. 참고로 김희두는 41세의 짧은 생을 살다간 제주출신의 문필가로서, 이 책을 편찬한 담수계의 회원 중 그 일원으로 참가했던 김범준(金範峻)의 부친이기도 하다.

한편 이 책에서 용두암과 관련된 기록을 처음 찾아보려면 많은 수고가 필요하다. 왜냐하면 소제목 '용두암' 이 아예 빠져 있기 때문이다. 아마도 실수로 누락된 듯하다. 용연의 형세에 대한 짤막한 설명과 함께 4편의 시가 소개되고 있다. 첫 번째로 소개한 임형수의 시는 용두암을 소재로 해 지어진 가장 오래된 것이도 하다. 그런데 마지막 행의 '위석풍광각소류(爲惜風光却少留)' 에서 '각(却)' 자가 여기에서는 빠져 있다. 세 번째로 소개된 김상헌의 시 경우에도 세 군데 부분에 오탈자가 보인다. 즉 여기에서 '질암(跌岩)' 은 '질탕(跌宕)' 으로, '문풍(聞風)' 은 '낭풍(閬風)' 으로, '도기추(度幾秋)' 는 '기도추(幾度秋)' 로 해야 김상헌의 『남사록(南槎錄)』에 수록된 이 시의 원래의 표기와 일치하는 셈이 된다. 한편 김여추(金麗錘)의 이 시는 시상의 전개상 '저승굴[死生門]', '형제섬[兄弟島]' 등을 언급하고 있는 점으로 미루어 산방산 앞의 '용머리[龍頭]' 를 소재로 하여 지은 시로 생각된다. 여기에서 저승굴을 뜻하는 '사생문(死生門)' 은 본래 '피생문(彼生門)' 으로서 이형상(李衡祥)의 『남환박물(南宦博物)』 '형승[誌勝]' 조에 산방산을 소개하면서 "그 북쪽에 큰 구멍이 나 있어 깊이를 헤아리기 어려우므로 이를 두고 일컬어 피생문(彼生門)이라고 한다[其北有大穴深不可測號曰彼生門]" 는 기록이 있다. 산방산의 '용머리' 를 소재로 한 이 시가 단지 '용두(龍頭)' 란 공통점이 있기에 용두암을 소개하는 이곳에 함께 수록됨은 편집자의 순간적인 착오였을 것으로 사료된다.

"◎ 알자 우리 탐라(耽羅)를!! ◎ 전(傳)하자 우리 탐라사실(耽羅事實)을!!"

이 책 『증보탐라지』에서 본문의 내용이 시작되기에 바로 앞서 하나의 구호가 이렇게 씌어져 있다. 결국 이 책을 편찬해내기 위해 구성된 본도 출신 12명의 담수계(淡水契) 회원들이 일종의 '내 고장 바로 알고, 내 역사 바로 알리기' 차원의 문화운동을 벌이며 내건 취지문과 행동강령을 압축시켜 놓아 그것을 보는 듯하다.

이들은 또한 이 책의 마지막에 실린 '편집여묵(編輯餘墨)'의 한 부분에서 '획린가(獲麟歌)를 부를 때가 되었다' 고 하면서 이렇게 노래하고 있다.

"… 변태무상(變態無常)이라 십이지(十二支)가 십간(十干)으로
두산옹(頭山翁) 수광옹(水光翁) 고이고이 주무시오
우리는 획린가(獲麟歌)를 부르네…"

아마도 이런 뜻으로 불려졌음직하다.

"… 세태가 달라짐이 덧없음이여! 본래 12인[十二支]이었던 우리 모임은 두 사람 먼저 이 세상 떠나보내 10인[十干]이 되고 말았네.

저승에 계신 두산(頭山) 백용석(白庸錫) 선생이시여, 수광(水光) 김창희(金昌禧) 선생이시여! 부디 기뻐하시고 고이고이 영면(永眠)하소서.

우리 이제 '절필(絶筆)의 노래[獲麟歌]'를 부르려 하네. 공자(孔子)님 지은 『춘추전(春秋傳)』이 '서수획린(西狩獲麟)'으로 각필(閣筆)했듯이…"

※ 참고 : 제주문화원(원장 : 홍순만)에서는 2004년 10월에 본 『증보탐라지(增補耽羅誌)』의 영인본(프린트형)과 수정본(활자형) 2종을 편찬해냈고, 역주본(譯註本)도 곧 이어 출판할 계획임을 밝힌 바 있다.

[부록 1]

굴원(屈原)의 「어부사(漁父辭)」(中國 戰國時代 ; 楚)

○ **漁父辭 — 屈原**

屈原旣放游於江潭行吟澤畔顔色憔悴形容枯槁漁父見而問之曰子非三閭大夫與何故至於斯屈原曰擧世皆濁我獨淸衆人皆醉我獨醒是以見放漁父曰聖人不凝滯於物而能與世推移世人皆濁何不淈其泥而揚其波衆人皆醉何不餔其糟而歠其釃何故深思高擧自令放爲屈原曰吾聞之新沐者必彈冠新浴者必振衣安能以身之察察受物之汶汶者乎寧赴湘流葬於江魚之腹中安能以皓皓之白而蒙世俗之塵埃乎漁父莞爾而笑鼓枻而去乃歌曰滄浪之水淸兮可以濯吾纓滄浪之水濁兮可以濯吾足遂去不復與言

○ 어부사 — 굴원

굴원(屈原)이 이미 벼슬에서 쫓겨나, 강과 호수에서 노닐며 홀로 시를 읊조리고 강가를 거니는데, 얼굴은 여위었고 행색은 수척해 보였다. 어부가 그를 보고 물었다. “그대는 삼려대부(三閭大夫)가 아니십니까? 어찌하여 여기에 이르렀습니까?” 굴원이 대답하였다. “온 세상이 흐린데 나 혼자 맑자 하고, 뭇 사람 취해 있는데 나 혼자 깨어 있으니, 그로 말미암아 쫓겨나게 되었다오.”

어부가 말했다.

“성인은 모든 일에 얽매이지 아니하고, 세상을 따라 변하여가는 것입니다. 온 세상이 흐리거든 왜 진흙탕을 휘저어서 그 물결을 일으키지 못하고, 뭇 사람들이 취해 있거든 왜 술지게미를 씹고 그 박주(薄酒)를 들이켜지 못하고서 실없이 혼자 깊이 생각하고 스스로 높여, 쫓김을 당하게 하였습니까?”

굴원이 대답하였다.

“내가 들으니, 새로 머리를 감은 사람은 반드시 갓을 털고, 새로 멱을 감은 사람은 옷을 털어 입는다 하였소. 어찌 이 맑고 깨끗한 몸으로 더러운 것을 받아들일 수 있겠소? 차라리 창파(滄波)에 이 몸을 던져 고깃밥이 될지언정, 어찌 이 옥 같은 맑은 몸으로 세상의 티끌을 뒤집어 쓸

수 있겠소?"

어부가 빙긋 한번 웃고 돛대를 두드리며 노래하면서 갔다.

"창랑(滄浪) 물 맑거들랑 갓끈을 씻으리라. 창랑 물 흐리거든 내 발을 씻으리라."

드디어 가서는 다시 아무 말이 없었다.

---

* 宋 · 黃堅 撰(金達鎭 譯), 『古文眞寶(後集)』(서울 ; 도서출판 문학동네, 2000), 52~54쪽.

[부록 2]

소동파(蘇東坡)의 「적벽부(赤壁賦)」(中國 宋代)

○ **前赤壁賦 – 蘇軾**

壬戌之秋七月既望蘇子與客泛舟遊於赤壁之下清風徐來水波不興擧酒屬客誦明月之詩歌窈窕之章少焉月出於東山之上徘徊於斗牛之間白露橫江水光接天縱一葦之所如凌萬頃之茫然浩浩乎如憑虛御風而不知其所止飄飄乎如遺世獨立羽化而登仙於是飮酒樂甚扣舷而歌之歌曰桂棹兮蘭槳擊空明兮泝流光渺渺兮余懷望美人兮天一方

客有吹洞簫者倚歌而和之其聲嗚嗚然如怨如慕如泣如訴餘音嫋嫋不絶如縷舞幽壑之潛蛟泣孤舟之嫠婦蘇子愀然正襟危坐而問客曰何爲其然也客曰月明星稀烏鵲南飛此非曹孟德之詩乎西望夏口東望武昌山川相繆鬱乎蒼蒼此非孟德之困於周郎者乎方其破荊州下江陵順流而東也舳艫千里旌旗蔽空釃酒臨江橫槊賦詩固一世之雄也而今安在哉

況吾與子漁樵於江渚之上侶魚鰕而友麋鹿駕一葉之扁舟擧匏樽以相屬寄蜉蝣於天地渺滄海之一粟哀吾生之須臾羨長江之無窮挾飛仙以遨遊抱明月而長終知不可乎驟得託遺響於悲風蘇子曰客亦知夫水與月乎逝者如斯而未嘗往也盈虛者如彼而卒莫消長也蓋將自其變者而觀之則天地曾不能以一瞬自其不變者而觀之則物與我皆無盡也而又何羨乎

且夫天地之間物各有主苟非吾之所有雖一毫而莫取惟江上之清風與山間之明月耳得之而爲聲目寓之而成色取之無禁用之不竭是造物者之無盡藏也而吾與子之所共樂客喜而笑洗盞更酌肴核既盡盃盤狼藉相與枕藉乎舟中不知東方之既白

○ 전적벽부 – 소동파

임술년 7월 16일 소자(蘇子), 몇 분 손님과 함께 적벽강(赤壁江) 하류에 배를 띄웠다. 바람은 맑고 물결은 고요했다. 술잔을 들어 손에게 권하면서, 명월의 시도 읊고 요조(窈窕)의 글도 노래 불렀다. 이윽고 달이 동산에 올라 두우(斗牛) 사이를 돌고 있었다. 흰 이슬은 강을 비껴 내리고 물빛은 흘러흘러 하늘에 닿았는데, 한 조각배를 놓아 만경의 아득함을 업신여긴다. 까마득히 허공을 기대어 바람을 몰아 그칠 바를 모르고, 흔들흔들 세상일 잊어버리고 날갯짓하여 신선에 오

를 듯하다. 이에 술기운을 따라 흥에 겨워 뱃전을 치며 노래를 불렀다

"계수의 노질이며 목란의 돛대로다. 공명(空明)을 치며 유광(流光)을 거스른다. 아득한 내 생각이여 하늘 한끝에 미인을 그리도다."

마침 퉁소를 부는 손님이 있어 노래를 따라 퉁소로 화답한다. 그 소리 하도 구슬퍼, 원망하는 듯 사모하는 듯, 우는 듯 하소하는 듯. 남은 소리 굽이굽이쳐 실처럼 흘러가니, 그윽한 구렁에 숨은 용이 춤을 추고, 조각 외배에 청상과부 우니는 듯 소자 추연히 옷깃을 바로하고 공손히 앉아 "어찌하여 그처럼 구슬픈고?" 손이 이르기를 "달 밝고 별 드문 밤에 까막까치 남으로 날도다 - 이는 조맹덕(曹操)의 시가 아닌가? 서쪽으로 하구(夏口)를 바라보고 동으로 무창(武昌)을 바라보니, 산천이 서로 얽히어 우거져 아득한데, 여기야말로 조맹덕이 주랑(周郞)에게 곤욕당한 곳이 아니었던가? 그야 그뿐이랴 맹덕이 한창 바람에 형주(荊州)를 부수고 강릉(江陵)으로 내려와 물길을 따라 동으로 나아갈 때에, 배는 서로 이어 천리를 흘러 뻗고, 깃발은 휘날려 하늘을 덮었는데, 새 술을 걸러 술잔을 기울이며 창을 비껴들고 시를 읊으니, 이는 진정 일세의 영웅이러니, 지금에 있어서야 어디 가 찾아볼꼬?

하물며 자네와 나는 강기슭에 나아가, 고기나 잡고 나무나 캐며, 고기를 짝하고 사슴을 벗하면서, 한 잎 조각배 위에서 막걸리로 서로 권하니, 이는 천지에 하루살이요, 창해(滄海)에 좁쌀이네. 우리 한 생(生)의 잠깐이 슬프거니 흐르는 강물의 끝없음이 부럽구려. 그렇다 하여 신선을 끼고 마음껏 노닐며 명월(明月)을 안고 길이길이 살려 해도, 이 또한 갑자기 얻을 수 없지 않은가? 이에 이 애달픈 마음을 가을바람에 부쳐 한 곡조 불렀노라." 소자(蘇子) 왈, "저 물과 저 달을 그대는 아는가? 가는 자 저 물과 같다고 하나 한번도 일찍 감이 없었고, 차고 기울기 저 달과 같다고 하나 마침내 사라지고 자라남이 없었네. 무릇 모든 것을 변함으로 볼작시면 천지도 능히 한순간이 못 될 것이요. 모든 것을 불변으로 본다 치면 물(物)과 내가 모두 끝이 없는 것이니, 다시 또 무엇을 부러워한다 하랴.

또한 이 천지 사이에 물(物)은 모두 임자가 있는 것이라, 진실로 내 가진 바 아니라면 비록 하나의 터럭만큼도 앗을 수 없거니와, 오직 강상(江上)의 맑은 바람과 산간(山間)의 밝은 달도 귀로 얻으면 소리가 되고, 눈에 닥치면 빛이 되어서, 이를 앗아도 말릴 이 없고 이를 써도 다하지 않으니, 이는 조물(造物)의 무진장(無盡藏)이요, 자네와 내가 함께 즐길 수 있는 것이네." 이에 손님도 기쁘게 웃으며 술잔을 씻어 다시 따르니, 안주는 이미 다하고 술상은 어지러웠다. 이에 서로 베개 하여 배 안에 누웠더니 눈뜨자 어느새 날이 밝았다.

○ **後赤壁賦 － 蘇軾**

是歲十月之望步自雪堂將歸于臨皐二客從予過黃泥之坂霜露旣降木葉盡脫人影在地仰見明月顧而樂之行歌相答已而歎曰有客無酒有酒無肴月白淸風如此良夜何客曰今者薄暮擧網得魚巨口細鱗狀如松江之鱸顧安所得酒乎歸而謀諸婦婦曰我有斗酒藏之久矣以待子不時之需

於是携酒與魚復遊於赤壁之下江流有聲斷岸千尺山高月小水落石出曾日月之幾何而江山不可復識矣予乃攝衣而上履巉巖披蒙茸踞虎豹登虬龍攀棲鶻之危巢俯馮夷之幽宮盖二客之不能從焉劃然長嘯草木震動山鳴谷應風起水涌予亦悄然而悲肅然而恐凜乎其不可留也

反而登舟放乎中流聽其所止而休焉時夜將半四顧寂寥適有孤鶴橫江東來翅如車輪玄裳縞衣戛然長鳴掠予舟而西也須臾客去予亦就睡夢一道士羽衣翩躚過臨皐之下揖予而言曰赤壁之遊樂乎問其姓名俛而不答嗚呼噫嘻我知之矣疇昔之夜飛鳴而過我者非子也耶道士顧笑予亦驚悟開戶視之不見其處.

○ 후적벽부 － 소동파

이해 10월 보름에 설당(雪堂)에서 걸어 임고정(臨皐亭)으로 돌아갈 때는 두 손님과 함께 하였다. 황니(黃泥)고개를 넘어 지나니 이슬처럼 서리는 내리고 나뭇잎은 떨어져 빈 가지뿐이었다. 내 그림자가 땅에 있기에 우러러보니 밝은 달이었다. 돌아보면서 서로 즐기며 노래를 불러 주고받았다. 이윽고 생각하니, "손은 있는데 술이 없구나. 술이 있은들 안주 없으니, 달 밝고 바람 맑은 이 밤을 어이할꼬?" 하였다. 손, "내 오늘 황혼에 그물을 던져 생선을 잡았는데, 큰 입에 가는 비늘이 흡사 송강(松江)의 농어 같았네. 그러나 돌아보아 어디 가 술을 구할꼬?" "내 돌아가 아내에게 알아보리라." 아내, "내 한 말 술을 두어 간직한 지 오래이었는데, 그대의 때 아닌 청을 기다렸어요."

이에 생선과 술을 가지고 다시 적벽강(赤壁江) 놀이를 나갔다. 강물소리는 밤을 따라 높아가고 천길 벼랑이 끊어진 듯 위태하다. 산이 높으매 달이 작고 물이 줄어 돌이 드러났다. 그동안 세월이 얼마나 지났건대 이 강산을 알아보기 어려운고? 나는 혼자 옷을 걷고 바윗길 더듬어 올라 풀대를 헤쳐, 호표(虎豹)를 걸어 탄 듯 위험한 곳과 사룡(蛇龍)에 오른 듯 깊숙한 곳에서, 매가 깃들인 아질아질한 집을 더위잡기도 하고, 수신(水神)의 그윽한 궁(宮)을 굽어보기도 하였다. 그러나 두 손님은 나를 따르지 못했다. 긴 휘파람 한번 치니 초목이 흔들리고, 산이 울매 골이 응하며, 바람이 일어 물이 날린다. 내 또한 호젓이 슬퍼지고 어딘가 무시무시 두려워져서, 거기서 오래 머물지 못하겠기에, 다시 돌아와 배에 올라, 중류(中流)에 흘려두고 그칠 때를 기다려 누워 있었다. 때는 한밤중이었다. 사방을 돌아보니 오직 고요뿐인데, 마침 한 마리 외로운 학(鶴)이 있어 강을 비껴 동쪽으로 날아오니, 날개는 펼쳐 수레바퀴요, 검은 치마에 흰옷이었다. 한 소리 길게 치며 배를 스쳐 서쪽으로 날아갔다. 이윽고 손님은 돌아가고 나 또한 자리에 들었더니, 꿈에 한 도사(道士)가 깃옷을 휘날리며 임고정(臨皐亭) 밑을 지나 내게 절하며 "적벽(赤壁) 놀이가 얼마나 즐겁더냐?" 내 그 성명을 물었으나 그는 머리를 숙이고 답이 없었다. "아아, 허허. 내 그대를 아노라. 어젯밤 소리를 치며 내 위를 지나간 이가 바로 그대 아닌가?" 도사 돌아보며 뜻있게 웃었다. 나 또한 놀라 깨어 문을 열고 보았으나 어디로 갔는지 간 곳이 없었다.

---

* 宋 · 黃堅 撰(金達鎭 譯), 『古文眞寶(後集)』(서울 ; 도서출판 문학동네, 2000), 537~540쪽, 541~543쪽.

제2부

민간설화·전설편

1. 제주 무가(巫歌) – ㄱ시락당
2. 제주 민요 – 이야홍타령 속의 '용연야범'
3. 제주의 전설 – 용연
   (1) 용소(龍沼)와 기우제(祈雨祭)
   (2) 용연에 심방을 수장시킨 목사
4. 제주 속담(금기어) 및 수수께끼 – 큰 내(大川)
   (1) 속담(금기어)
   (2) 수수께끼

1. 제주 무가(巫歌) — ᄀᆞ시락당

○ **ᄀᆞ시락당**(1)

ᄀᆞ시락당 용해국 대부인은
ᄃᆞᆯ 붉은 밤이 용연물에
떼뱃놀이 ᄒᆞᆯ 때에
지주목ᄉᆞ신디
뱃고ᄉᆞ를 받아먹곡
수다만ᄒᆞᆫ 단궐에
ᄉᆞ망일게 ᄒᆞ여주는
용왕국 말젯ᄯᆞᆯ애기
…

〈현대어 풀이〉

고시락당 용해국(龍海國) 대부인(大婦人)은
달 밝은 밤의 용연에서
떼뱃놀이[槎船遊] 할 때,
제주목사에게서
뱃고사를 받아먹고
많은 단골에
재수 좋게 하여주는
용왕국(龍王國) 셋째 딸아기

ㅇ ᄀᆞ시락당(2)

하로영주산에는 장군선앙
정잇밧딘 애기씨선앙
한냇ᄀᆞ이 장군선앙
ᄀᆞ시락당 알로
요왕을 매신 선앙이우다.

〈현대어 풀이〉

한라 영주산에는 장군선왕(將軍船王)
정의(旌義)밭에는 애기씨선왕
한내[大川]가의 장군선왕
고시락당 아래로
용왕을 모신 선왕입니다.

＊ 秦聖麒, 『제주도무가본풀이사전』(민속원, 1991), 330쪽, 651쪽.
＊ 위에 인용한 원문(原文)의 〈현대어 풀이〉는 필자의 졸역(拙譯)임.

【추임새】

용연에 인접한 곳에 'ᄀᆞ시락당'이라는 신당(神堂)이 위치해 있다. 예로부터 이 지역 인근 주민들의 신앙처였던 이곳은 본래 한두기본향당으로 널리 알려진 곳이다. 이곳에 좌정(坐定)한 신은 '용왕의 말젯똘애기'로 불려지는 여신(女神)으로서 어부나 해녀들의 해상안전과 풍어를 가져다주는 신이기도 하다. 몇 해 전 태풍으로 인해 이곳에 있던 신목(神木)이 잘려나가면서 현재는 그 형태만이 남아 있다. 그래도 이곳을 찾는 이들의 발길이 간간이 이어지는 듯 주변에는 타다 남은 양초부스러기들이 군데군데 널려 있다.

본래 'ㄱ시락' 이란 말은 '보리 ㄱ시락' 등의 어휘에서 보이는 것처럼 일상화된 제주사투리로서 이에 해당하는 표준말은 '까끄라기' 이다. 즉 '벼 · 보리 등의 난알 껍질에 붙은 수염. 또는, 그 동강' 을 의미한다. 그 속성이 까끌까끌 해서 손에 잘 걸린다. 아마도 위의 인용된 표현에서처럼 '목사가 떼뱃놀이 하면서 던져주는 뱃고사를 건져올려 먹는다' 는 의미로 'ㄱ시락' 이라는 말이 신당의 이름으로 정착된 듯하다.(이 설은 진성기 관장이 필자와의 대화 중 전해준 내용이기도 함)

위의 인용문에 나타난 표현에서 용연야범과 관련하여 유추해볼 수 있는 요소는 크게 세 가지다. 첫째는 달밝은 밤의 용연이요, 둘째는 떼뱃놀이이고, 셋째는 목사가 언급되고 있다는 점이다. 이로 미루어 짐작컨대, 용연에서의 밤 뱃놀이에 쓰인 선박이 이형상의『탐라순력도(耽羅巡歷圖)』중 '병담범주(屛潭泛舟)' 에서처럼 범선(帆船)만이 아니었음을 시사한다. 떼배는 통나무 10개 내외로 엮어 만든 제주의 전통배로서 일명 '테우' 라고도 하며, 한자어로는 '사선(槎船)' 으로 표기하기도 한다.

결국 달 밝은 밤의 용연에서 테우를 타고 밤뱃놀이를 즐기는 목사 일행들의 상황을 위의 인용된 노래에서 상상해볼 수 있다.

2. 제주 민요 — 이야홍타령 속의 '용연야범'

○ 이야옹타령

호남 짚은 밤 사공의 뱃놀래
이야옹 용연야범이
이야옹 이게 아니냐
이야옹 이야옹 정ᄒᆞ고 말고야
곱기도 영 곱네 좋기도 영 좋네

— 1956. 3. 제주시 건입동 김혜성 님(남, 62세)

〈현대어 풀이〉

호남 깊은 밤 사공의 뱃노래
이야옹 용연야범(龍淵夜泛)이
이야옹 이게 아니냐
이야옹 이야옹 그렇고 말고요
곱기도 아주 곱네, 좋기도 아주 좋네

---

* 진성기, 『南國의 民謠』(제주민속연구소, 1991), 174쪽.
* 위에 인용한 원문(原文)의 〈현대어 풀이〉는 필자의 졸역(拙譯)임.

【추임새】

위의 '이야옹'은 제주민요 중 '오돌또기'와 함께 제주의 대표적 창민요로 널리 알려진 '이야홍타령'이다. 채록된 일자가 1956년으로 된 것으로 보아 오래 전부터 불려왔던 노래임을 짐작할 수 있다. 세마치장단의 흥겨운 국악장단에 잘 어울리는 이 노래는 특히 '이야옹' 이란 어구가 조흥구(助興句)처럼 반복되면서 더욱 친근한 매력을 느끼게도 한다. 한 가지 흥미로운 점은 이 '이야옹' 이란 뜻이 이 노래를 처음 채록한 진성기 선생의 주석에 의하면 '이야옹(伊野翁)' 으로서 야옹농부(野翁農夫)라고 밝히고 있는 점이다. 그렇다고 한다면 본래 이 노래는 한 아낙네가 시골늙은이[村老]를 '이야옹' 으로 애교 있게 조롱이라도 하듯 불렀음직도 하다. 그런데 흥미롭게도 콩 타작 등 도리깨질을 하며 부르는 노동요의 가사에 '이야도 홍아, 이야도 홍' 이 등장한다. 혹시 '이야홍 타령' 이 이것과는 전혀 무관한 것일까?

한편 이 노래의 가사에 '용연야범' 이 등장하고 있어 흥미를 끈다. 호남의 깊은 밤, 사공의 뱃노래가 용연야범의 그 배경을 이룬다. 여기서 제주, 혹은 탐라라 해야 될 부분이 호남으로 불려짐은 예전 제주도가 행정구역상 전라도에 편재되었던 시대가 있었기에 그런 영향이 남아 있는 것으로 보인다.

이 노래는 처음 두 소절만이 가사를 서로 바꿔 가며 다양하게 불리곤 한다. 이를테면, '한라산 상상봉 높고도 높은 봉 백록담이라 하는 곳이라', '고량부 삼성이 나오신 곳은 삼성혈이라 하는 곳이라', '산에를 가며는 목동의 노래요, 바당에 가며는 잠수들 노래라' 등으로 다양하게 사설이 전개됨이 그렇다. 그러면서 후렴으로 이야옹 이하의 부분을 노래하는 것이다.

지금 불려지는 '이야홍타령' 에서는 그 가사가 이렇게 바뀌었다. "용연야범에 노젓는 뱃사공 / 이야홍 처량도 하구나." 아울러 후렴 부분도 '정ᄒᆞ고 말고야' 는 '그렇고 말고' 로, '좋기도 영 좋네' 는 '다 ᄀᆞ를 말이냐' 로 대체되어 있다.

3. 제주의 전설 — 용연

(1) 용소(龍沼)와 기우제(祇雨祭)

제주시 용담동에 용소(龍沼) · 용수 또는 용연(龍淵)이라 하는 소(沼)가 있다. 병풍석이 양쪽에 둘렸고 청징(淸澄)한 물이 언제나 깊어, 역대 목사(牧使)들이 달밤에 뱃놀이를 즐겼던 곳이기도 하다. 그래서 영주십경(瀛洲十景)의 하나로 용연야범(龍淵夜泛)이라 하여 널리 알려져 있다.

이 소에는 예로부터 동해(東海) 용이 와서 풍치를 즐겼다고 한다. 그래서 용소라는 이름이 붙은 것이다.

이 소엔 용이 머물러 있으므로 기우제를 지내면 반드시 효험이 있었다.

몇 백 년 전엔가 크게 가물어 제주 백성이 다 굶어 죽게 된 때가 있었다. 목사가 크게 걱정하여 몇 번 기우제를 지내도 비는 오지 않았다.

이 때 무근성(삼도2동 : 제주시)에 유명한 고씨 심방[巫]이 살고 있었다. 고씨 심방은 어느 날 주막에 앉았다가 지나가는 소리로 '용소에서 기우제를 지내면 비가 올 것을…' 하고 말했다. 이 말이 목사의 귀에 들어가 고씨 심방은 동헌(東軒)에 불려갔다.

"네가 용소에서 기우제를 지내면 비가 온다고 했다는데 사실이냐?"

"예, 그리 말했습니다."

"그러면 곧 기우제를 해서 비가 오도록 해라. 비가 안 오면 너는 각오해야 하느니라."

고씨 심방은 수심이 가득 찼다. 목사의 영이라 할 수 없이 기우제를 올리기로 했다.

이레 동안 목욕재계하여 몸 정성하고 쉰대 자 용을 짚으로 만들었다. 그래서 용소 바로 옆 당밭에 제단을 꾸몄다. 쉰대 자 용의 꼬리는 용소 물에 담그고 머리는 제단 위에 걸쳐 놓아 이레 동안의 굿을 시작했다.

고씨 심방은 천상천하의 모든 신들을 청해 들이고 이레 동안 단비를 내려주도록 빌었다. 굿을 마쳐 모든 신들을 돌려보내게 되어도, 하늘은 쾌청하게 맑아 비는 내릴 기색조차 보이지 않았다.

· "모든 신들은 상을 받고 고이 돌아서건마는, 이내 몸은 오늘날 동헌(東軒) 마당에 가면 목을 베어 죽게 됩니다. 명천 같은 하늘님아 이리 무심하옵니까?"

고씨 심방은 눈물을 흘리며 신들을 돌려보내었다.

이 때였다. 동쪽 사라봉 위로 주먹만큼 한 검은 구름이 보이더니, 이 구름이 삽시에 하늘을 덮고 억수같이 비가 쏟아지기 시작했다.

고씨 심방 이하 굿을 하던 심방들은 환성을 올렸다. 쉰대 자 용을 어깨에 메고 비를 맞아가며 성 안으로 들어갔다. 성 안의 백성들의 모두 나와 용을 같이 메고 풍악소리에 춤을 덩실덩실 추었다.

일행이 동헌 마당에 들어가니 목사(牧使) 이하 이방 · 형방 등, 모든 관속들이 나와 용에게 사배(四拜)를 하고 백성들과 더불어 큰 놀이를 베풀었다.

그로부터 용소는 기우제에 효험이 있다 하여, 가물 적마다 여기에서 기우제를 지내게 되었다.

— 1965. 12. 제주시 용담동 안사인(男) 제공

* 현용준, 『제주도 전설』(서문당, 1996), 250~252쪽.

(2) 용연에 심방을 수장시킨 목사

조선조 후기의 어느 해 칠월 기망(旣望)에, 새로 부임한 목사가 육방관속을 대동하고 용연으로 밤 뱃놀이를 나왔다. 마침 두둥실 보름달이 용연계곡을 대낮처럼 밝게 비추고 있고, 함께 온 기생과 악사들의 풍악에 맞춰 풍류가 막 무르익을 즈음에 갑자기 계곡을 때리는 굉음의 소리가 들려왔다. 바로 인접한 ㄱ시락당에서 이틀간의 백중(百中)맞이 치성을 올리는 굿판이 벌어지고 있었던 것이다.

호수같이 잔잔한 용연에서 계곡 양안 석벽을 되울리며 들려오는 굿판의 연물소리는 모처럼의 목사 일행들의 한적한 놀이를 일시에 삼켜버릴 정도로 크게 울려 퍼졌다.

이에 분위기를 망쳤다고 생각한 목사는 동석한 이방에게 어찌된 영문인지 당장 알아보도록 지시했고, 이윽고 이방이 돌아와 자초지종의 이야기를 전하자 해괴망측한 일을 벌이는 심방 일행들을 즉시 잡아들여 대령토록 지시를 내렸다.

사령들에 의해 끌려오다시피 하면서 목사 앞에 대령한 심방 일행은 그 중 수(首)심방격인 이가 나서서 결연하게 자신들의 처지를 이해시키고자 설명하려 들었다. 그러면서 한결같이 용왕신에게 치성을 드리려는 일을 방해하면 목사에게도 오히려 재앙이 닥칠 수 있다는 말을 하는 등,

수그러질 기세를 전혀 보이지 않고 오히려 굿판을 계속할 수 있도록 간청까지 하는 것이었다. 이에 부아가 더욱 치민 목사는 당장 그 자리에서 '용왕님께 보내는 편지'라는 것을 써서 주며, 심방 일행 중 한 명을 오랏줄로 묶고 발에는 무거운 돌멩이를 매달아 바다에 떠밀어버리도록 형방에게 지시를 내리는 게 아닌가.

이윽고 아무 소식이 없자, 다시 심부름시킨다는 명목으로 다른 심방 한 명을 역시 바다 속으로 밀쳐놓고 하면서 차례로 수장시켜버렸다. 그리고서는 조용해지자 목사 일행은 한바탕 흥을 돋우며 밤 뱃놀이를 하고서는 관아로 돌아갔다.

이런 일이 발생하고 난 다음날 새벽에는 제주에 대폭풍이 불어 닥치고 바닷물이 민가를 덮치는가 하면, 홍수로 변한 냇물은 곳곳을 물바다로 만들어버렸다. 알 수 없는 공포가 제주 전역을 감싸고, 용연에는 거대한 용이 등장하여 울부짖는 해괴한 일이 벌어졌다는 소문까지 나돌기 시작했다.

이 소문이 성 안의 목사의 귀에까지 들리고, 밤마다 흉몽에 시달리던 목사는 이런 일이 자신이 애꿎게 심방들을 죽인 일 때문에 일어난 일이었음을 뒤늦게 깨달았다. 급기야 자신의 처사가 잘못됨을 뉘우친 목사는 용연에서 다시 대대적인 굿판을 벌여 죽은 심방들의 원혼을 달래는 해원굿을 벌이도록 제수비용을 대는 등 모든 조치를 취해주었다.

기우제(祈雨祭)를 올리던 공간인 용연이 이제는 거꾸로 기청제(祈晴祭)를 올리는 장소로 바뀐 셈이다. 그 후 날씨가 개어 주위가 고요하고, 모든 게 일상으로 돌아오자 목사는 안도의 한숨을 내쉬면서 이렇게 다짐했다. '내가 목사로 재임하는 동안에는 용연의 밤 뱃놀이를 다시는 벌이지 않겠다.'고. 이 다짐은 곧 실천에 옮겨지긴 했지만, 임기를 다 채우기도 전에 목사는 병으로 사직하여 떠나간 후 얼마 뒤에 세상을 떠나고 말았다.

– 2003. 5. 용연선상음악회가 끝난 후, 평가회의 석상에서 한 인사가 소개한 이야기를 듣고 필자가 간추려 정리한 것임.

【추임새】

위에 소개된 전설 속의 용연의 모습은 형식상 두 가지 점에서 대비를 이룬다. 하나는 기우제(祈雨祭)의 장소로서 위치함이요, 다른 하나는 기청제(祈晴祭)를 올렸던 곳이라는 점이다. 더구나 스토리의 전개가 공통적으로 용연을 소재로 한 목사와 심방과의 얽힌 사연을 풀어나가면서도 그 결말은 전혀 달라서 하나는 해피엔딩이요, 다른 하나는 비극적이다.

용연이 기우제를 지내는 곳이라는 점을 언급함은 이제까지 소개되었던 모든 지지(地誌)에 공통적으로 등장한다. 그래서 비를 몰고 오는 용이 이 못에 서식한다 하여 '용연(龍淵)'이라 불리게 되었다는 내력담(來歷談)까지 서술하고 있는 경우도 종종 있다.

위의 첫 번째 이야기에서는 고씨 심방이 목사의 지시로 기우제를 올리는 대목이 이 이야기의 절정을 이루는 듯하다. 쉰대 자 용을 짚으로 만들어 당밭(여기에서는 ᄀᆞ시락당으로 추정됨)에서 용연에까지 늘여놓고 칠일 동안이나 큰굿을 하는 장면은 상상만 해도 절로 가슴이 뛴다. 결국 마지막 칠일 째 되던 날, 비가 내림으로써 심방과 목사의 한판 승부는 결국 심방의 승리로 마무리 된다. 이 이야기가 내포하는 주제 가운데 하나가 관(官)의 힘으로도 어쩔 수 없는 일을 민(民)의 힘으로 해결해낸다는 소박한 민심의 실현이다. 여기에서 설정된 '고씨 심방'은 단순히 제주를 대표하는 민의 한 사람일 뿐, 별다른 큰 영웅으로서 그려내고 있지는 않다. 아울러 목사란 직책을 지닌 이도 육지에서 건너와 관의 수장(首將)으로서 위치하고는 있지만 자신의 재임 시에 발생한 한해(旱害)를 우선 해결해보고자 하는 마음만 보일 뿐이다. 쉰대 자 되는 용을 용연 물에다 늘여놓고는 거기에서 당밭의 제단에까지 어떤 기운을 끌어올림은 어떤 의미에서 'ᄀᆞ시락(까끄래기)'의 속성을 잘 담아내어 표현하고 있다고도 할 것이다.

한편 두 번째 이야기에서 심방의 초점은 이틀 동안의 백중제(百中祭)에 맞추어져 있다. 이 날은 칠월 기망일과 겹치는 날이다. 관의 기망놀이와 민의 백중굿의 갈등이 소리울림으로써 대비되면서 증폭되고 있다. 즉 기망놀이에서 행해지는 목사 일행의 피리소리와 노래소리는 백중굿을 벌이면서 내는 심방들의 연물소리에 압도당하고 만다. 목사의 이야기를 듣지 않고 버티는 것은 결국 관장을 능욕한 죄에 해당된다. 그래서 급기야는 심방의 몸을 오랏줄에 묶고 발에는 무거운 돌을 달아 수장시키는 일이 발생한 것이다. "그래 너희들이 그렇게 굳게 믿는 용왕님께 내 곧 편지를 한 장 써서 용궁으로 보낼 테니 즉시 답장을 받아와 보아라." 목사는 바로 이런 심사를 지녔던 것으로 짐작된다. 결국 무력으로 민을 진압시킨 결과 하늘은 수재로 그에 대한 앙갚음을 대신한다. 난데없는 대풍이 갑자기 불어 닥치고, 홍수가 나면서 수해가 발생하는 사태로 발전하는 것이다. 하늘에 구멍이라도 뚫린 듯이 연일 장대같은 비가 내리자, 이에 심히 놀란 목사는 급기야 백기를 들고 항복을 하는 셈이 된다. 용연에 수장된 심방들의 원혼을 달래는 해원(解寃)굿을 열어준다는 구실로 기실 목사는 기청제(祈晴祭)를 올린 격이 되는 것이다. 이 일이 화근이 되어 목사 역시 시름시름 병을 앓다가 세상을 떠나는 비극의 종말을 맞는 처지에 놓임으로써 이야기는 마무리 된다.

요컨대 위의 두 가지 용연의 전설을 통해 민심(民心)은 바로 천심(天心)임을 실감케 한다. 이는 결과적으로 민(民)과 관(官)의 갈등, 토착민과 물 건너 온 육지사람 간의 사고방식의 차이를 노정시키면서 이의 화해를 모색하고 조화를 시키며 살아가야 하는 제주민의 어쩔 수 없는 지정학적 운명을 그려내고 있는지도 모른다. 이른바 여기에서 제주토박이의 자생문화(自生文化)가 굿음악으로 상징된다면, 한본토(韓本土)에서 흘러온 외래문화(外來文化)는 기망놀이에서 행해지는 소위 풍류악(風流樂)으로 대표된다 할 것이다. 자생문화의 창조적 계승과 외래문화의 자주적 수용이 현대에 요구되는 문화 창달의 두 축에 해당한다면 이의 적절한 조화야말로 전통의 창조적 계승을 실천하는 일이 될 것임은 자명하다.

4. 제주 속담(금기어) 및 수수께끼 — 큰 내(大川)

(1) 속담(금기어)

○ "산신이 어수애 고장 들르고 백매 탕 ᄂᆞ려오는디 질 칼르민 그 사름은 그 물에 끗엉 죽나."

※ 냇물이 처음 흘러 내려올 때는 그 앞에 산신이 백마를 타고 꽃을 불리며 기뻐하면서 내려온다는 속신이 있다. 그런 앞을 가로질러 건너가게 되면 그 사람은 산신의 노여움을 사게 되며 결국 그 산신의 조화로써 그는 냇물에 휩쓸려서 죽게 된다는 것이다. 그러기에 사람들은 비올 때 하천을 꼭 지나게 되면 매우 조심하게 됨은 물론 그 산신에게 수건, 신발 따위를 비롯해서 무엇이든지 인정을 걸고(뇌물을 쓰고) 지나야만 그 하천을 무사히 건널 수 있다고 한다.

* 진성기, 『제주도 금기어 연구 사전』(제주민속연구소, 2002), 398~399쪽.

(2) 수수께끼

○ "백매탕 어주외고장 불리멍 ᄂᆞ려오는 건 뭐꼬?"
〈답〉 산신백관

〈풀이〉
○ 백마 타서 어저귀꽃 나부끼면서 내려온 건 무엇인고?
〈답〉 산신백관

※ 장마 때 하천이 범람하게 되면 산내(한라산의 하천의 상류에서 급류를 이루어 무서운 속도

로 달려오는 물줄기)가 터져서 하천의 곳곳에서는 큰 물보라를 이루며 흐르게 된다. 이 때 그 물 흐르는 요란한 소리와 더불어 그 물보라 속에는 마치 백발의 산신백관이 어저귀꽃을 들고 내려오는 것처럼 보인다는 것이다. 참으로 엄숙한 장면이 벌어지는 것이다. 사람들은 이 때 그 냇물을 가로질러 건너면 즉사한다고 한다. 거룩한 산신의 앞길을 부정스레 인간이 어지럽히면 큰 벌을 받는다는 것이다. 그러한 광경에 옛 사람들은 그 산신에게 두 손 모아 정성드려 무사안녕을 빌었던 것이다.

* 진성기, 『제주도 말놀이 사전』(제주민속연구소, 2006), 117쪽.

【추임새】

용연(龍淵)은 한내[大川]의 물줄기가 마지막으로 바다에 이르는 곳에 형성된 못이다. 이른바 백록담에서 발원하여 용연에까지 이르는 동안 내의 물줄기가 얼마나 세차게 내려오는가는 이곳의 자연 지형을 살펴보면 금방 짐작할 수 있다. 즉 한내를 이루는 골짜기들의 깊이가 대체적으로 매우 깊고 높음은 바로 이런 자연현상을 반증한다. 그 지류 가운데 방선문 계곡도 있다. 거대한 암석이 마치 굴처럼 뚫려 있어 '들렁귀[穿弄串, 擧巖谷, 登瀛邱]'란 이름으로 불리는 곳이다. 이 역시 한내의 지형을 대표하는 것으로서 특히 두 갈래의 내가 이곳에서 하나로 합쳐져 흐르면서 내의 유속(流速)이나 하류로 내닫는 물의 양은 실로 엄청난 위력을 발휘할 정도로 세차다.

평소에는 건천(乾川)이었던 이곳에 우기때 물이 불면서 내가 칠 때는 감히 내를 건널 엄두를 낼 수 없을 뿐만 아니라, 다만 시간이 경과해 내의 흐름이 약해질 때를 기다리는 수밖에 없게 된다.

이처럼 큰내가 치달려 오는 상황을 두고 '산신이 어수애(어주외) 꽃 불리면서 백마타고 내려오는 모습'이라고 그려내고 있다. 백마를 탄 신선은 백발의 하얀 머리칼을 휘날리며, 또 손에 역시 하얀 어저귀꽃을 들고서 꽃잎을 날리며 내려오는 모습일 것이다. 세상이 온통 하얗다. 이는 사실(寫實)적 회화의 기법을 넘어선 고도의 문학적 상상력의 소산이다. 그 말이 전개되는 뉘앙스나 상징적 어휘의 표현수법으로 볼 때, 한 편의 시를 감상하듯 엮어낸 선조들의 예지에 실로 감탄을 연발하지 않을 수 없다.

한라산 꼭대기에서부터 하얀 물보라를 일으키며 거세게 몰아쳐 내려오는 내의 큰 물줄기가 최종적으로 모이는 장소가 다름 아닌 용연이다. 결국 용연은 산신과 용왕신이 조우하는 장소이기도 한 셈이다.

속담이나 수수께끼는 그 말이나 뜻을 빗대어서 알아맞히게 하는 문답식 말놀이로서 원래 신앙과 관련하여 이루어졌다는 설에 그 기원을 두기도 한다. 즉 사물에 대해서 바로 말하지 않고 에둘러 표현함은 신비로움을 더하기에 더없이 안성맞춤이다. 진성기 선생의 표현을 빌리면 이는 단순한 '언어유희' 의 차원을 넘어 일종의 '언어예술' 인 셈이다.

위에 인용한 짧은 글을 통해서도 과거 이 땅에서 살아온 제주민들의 한 삶의 방식을 읽게 해줄 뿐만 아니라, 일상의 생활에서 예술적 감수성이 풍부한 교육이 시도되어왔음을 짐작케 한다.

※ 참고 : 제주어 '어수애 고장' , '어주외 고장' → 표준말 '어저귀 꽃'

○ '어저귀' 의 사전적 의미 : 아욱과에 속하는 일년초. 줄기는 원초형으로 높이 1.5m 가량이고, 잎은 호생(互生)하며 장병(長柄)이고 원심형(圓心形)임. 7~8월에 황색 오판화(五瓣花)가 줄기 위에 액출(腋出)함. 과실은 삭과(蒴果). 인도 원산으로, 한국 · 일본 · 중국 등지에서 재배함. 줄기껍질은 섬유로 쓰며, 씨는 '경실(苘實)' 이라 하여 한약으로 씀. 백마(白麻). 경마(苘麻).

【참고문헌】

高光敏. 『濟州島浦口研究』. 도서출판 각, 2003.

高塚竹堂 監修. 『書体字典』. (日)東京 : 野ばら社, 昭和44年(1969).

국립제주박물관 편. 『조선중기 역사의 진실－이익태 牧使가 남긴 기록』(이완희 선생 기증유물 특별전 도록). 국립제주박물관, 2005.

金起東 外 編. 『韓國古典文學全集－「時調」』. 良友堂, 1982.

金斗奉. 『濟州島實記』. 大阪 ; 濟州島實蹟研究社, 昭和 11年(1936).

金汶株. 『農隱文集』(筆寫影印本). 北濟州文化院, 2004.

김봉옥. 『증보 제주통사』. 도서출판 세림, 2001.

金尙憲. 「南槎錄」(影印本) 『濟州史資料叢書(Ⅰ)』. 제주도청, 1998.

金錫翼. 「耽羅誌」 『心齋集』(권 2). 제주문화사, 1990.

김오순. 『탐라순력도 산책』. 도서출판 제주문화, 2001.

金允植(金益洙 譯). 『續陰晴史』. 濟州文化院, 1996.

金麟厚. 『河西全集(上)·(中)·(下)』. 河西先生紀念事業會, 1987.

金　儆(金益洙 譯). 『蘆峰文集』(卷 1). 제주문화원, 2001.

김지홍·원창애 엮음. 『제주삼읍교학사료집』. 전국문화원연합회제주도지회, 2003.

金粲洽. 『20世紀 濟州 人名事典』. 제주문화원, 2000.

———. 『濟州史人名事典』. 제주문화원, 2002.

金春澤(金益洙 譯). 『北軒集』. 全國文化院聯合會濟州道支會, 2005.

金浹·愼鴻錫 著(金益洙 譯). 『老橘詩集·禾菴詩集』. 濟州文化院, 2000.

南東園. 『주역해의(周易解義) Ⅰ』. (주)나남출판, 2002.

淡水契 編. 『增補 耽羅誌』. 프린트물 영인본, 1954.

민족문화추진회 편. 『국역 완당전집(Ⅱ)』. 민족문화추진회, 1989.

뿌리깊은나무사 편. 『판소리 심청가(해설)』. 뿌리깊은나무사, 1987.

宋·黃堅 撰(金達鎭 譯). 『古文眞寶(後集)』. 도서출판 문학동네, 2000.

藝文印書舘 編. 『草書大字典(上)·(下)』. (中)藝文印書舘, 中華民國六十三年(1974).

李家源 監修. 『詩經』. 홍신문화사, 1975.

伊藤松濤 編著. 『王鐸 書法字典』. 서예와 컴퓨터, 2001.

李相殷 監修. 『漢韓大字典』. 民衆書林, 1981.
이영주 · 강성위 · 홍상훈 譯解. 『完譯 杜甫律詩』. 明文堂, 2005.
李源祚. 『耽羅錄』(影印本). 濟州大學校 耽羅文化硏究所, 1989.
———. 『耽羅之草本』(影印本). 濟州大學校 耽羅文化硏究所, 1989.
李元鎭(金相助 譯). 『耽羅志』. 濟州大學校 耽羅文化硏究所, 1991.
李益泰(金益洙 譯). 『知瀛錄』. 濟州文化院, 1997.
李增(金益洙 譯). 『南槎日錄』. 濟州文化院, 2001.
李荇 外. 『新增東國輿地勝覽』(影印本). 明文堂, 1981.
李衡祥. 『南宦博物』(筆寫影印本). 韓國精神文化硏究院, 1980.
———. 『耽羅巡歷圖』(影印本). 제주시 소장본, 1994.
이희승 편저. 『국어대사전』. 민중서림, 1996.
林悌(신호열 · 임형택 공역). 「南溟小乘」 『白湖全集』(下). 창작과 비평사, 1997.
林亨秀. 『錦湖遺稿』(影印本 ; 제주시 소장본).
張寅植. 『耽羅誌』(影印本 ; 日本 東京大 所藏本). 濟州大學校 耽羅文化硏究所, 1989.
장주(김학주 옮김). 『장자(莊子)』. 을유문화사, 2001.
鄭彦儒. 「耽羅別曲」 『南遊錄 · 達告辭 · 耽羅別曲 · 訓民篇』. 濟州文化院, 1999.
정후수. 『話典』. 어진소리, 2004.
濟州道 編. 『未開의 寶庫, 濟州島』. 제주도청, 1997.
제주동양문화연구소 편. 『濟州島 磨崖銘』. 제주도, 2000.
제주문화 편집부 편. 『朝鮮王朝實錄 濟州記錄 ①~⑩』. 도서출판 제주문화, 2004.
제주시 편. 『조선왕조실록을 통해 본 제주목사』. 제주시, 2005.
濟州新報社 編. 『濟州道誌(제1집)』. 濟州新報社, 1962.
濟州濡脈六百年史編纂委員會 編. 『濟州의 儒學關係資料와 詩文選』. 濟州濡脈六百年史編 纂委員會, 2000.
조재곤. 『그래서 나는 김옥균을 쏘았다』. 도서출판 푸른역사, 2005.
趙貞喆. 『靜軒瀛海處坎錄』(影印本). 서울 중앙도서관 소장본.
秦聖麒. 『南國의 民謠』. 濟州民俗硏究所, 1991.

秦聖麒. 『제주도 금기어 연구 사전』. 제주민속연구소, 2002.
———. 『제주도 말놀이 사전』. 제주민속연구소, 2006.
———. 『제주도 무가 본풀이 사전』. 민속원, 1991.
車相轅 編譯. 『現代書道全書』. 良友堂, 1979.
한라일보사 한라산학술대탐사팀 편. 『한천』. 한라일보사, 2004.
韓億增. 『增補耽羅誌(乾)(坤)』(影印本). 日本 天理大 所藏本.
현용준. 『제주도 전설』. 서문당, 1996.
현행복. 『訪仙門』. 도서출판 각, 2004.
弘字出版社 編. 『最新弘字玉篇』. 弘字出版社, 1979.
황현(임형택 외 옮김). 『역주 매천야록(梅泉野錄)(상) · (하)』. 문학과 지성사, 2005.